에베레스트 정복

THE CONQUEST OF EVEREST

에베레스트 정복

전설적인 초등 당시의 오리지널 사진집

조지 로우 George Lowe   휴 루이스 존스 Huw Lewis-Jones

조금희 옮김

하루재클럽

회고담을 보내주신 분들

크리스 보닝턴 경
Sir Chris Bonington

켄턴 쿨
Kenton Cool

에드먼드 힐러리 경
Sir Edmund Hillary

피터 힐러리
Peter Hillary

톰 혼바인
Tom Hornbein

라인홀드 메스너
Reinhold Messner

콜린 몬티스
Colin Monteath

쟌 모리스
Jan Morris

노르부 텐징 노르가이
Norbu Tenzing Norgay

더그 스콧
Doug Scott

스티븐 베너블스
Stephen Venables

국립중앙도서관 출판예정도서목록(CIP)

에베레스트 정복 : 전설적인 초등 당시의 오리지널 사진집 /
지은이: 조지 로우, 휴 루이스 존스 ; 옮긴이: 조금희. --
서울 : 하루재 클럽, 2015
    p. ;   cm. -- (등반기 시리즈 : 1)

원표제: Conquest of Everest : original photographs from
the legendary first ascent
원저자명: George Lowe, Huw Lewis-Jones
색인수록
영어 원작을 한국어로 번역
ISBN 978-89-967455-2-5 03900 : ₩59000

등산[登山]
사진집[寫眞集]
에베레스트산[--山]

699.104-KDC6
796.52202-DDC23   CIP2015026569

에베레스트 정복 The Conquest of Everest

초판 1쇄   2015년 11월 2일
초판 3쇄   2020년 12월 28일

지은이   조지 로우-George Lowe / 휴 루이스 존스-Huw Lewis-Jones

옮긴이   조금희

펴낸이   변기태

펴낸곳   하루재클럽

주소   (우) 06524 서울특별시 서초구 나루터로 15길 6(잠원동) 신사 제2빌딩 702호

전화   02-521-0067

팩스   02-565-3586

이메일   haroojaeclub@naver.com

출판등록   제2011-000120호(2011년 4월 11일)

디자인   장선숙

편집   유난영

ISBN 978-89-967455-2-5 03900

※ 책값은 뒤표지에 있습니다.

헌사   1953년 에베레스트 원정대원들에게 이 책을 바칩니다.
그들은 꿈을 현실로 만들고자 했습니다. 그리고 그 성공에 핵심
적인 역할을 담당했던 동료 셰르파들에게도 이 책을 바칩니다.

2-3page 1953년 2캠프에 세운
우리의 첫 번째 텐트가 쿰부 아이스 폴
지대를 중간쯤 올라간 곳에 위태롭게
설치되어 있었다. 고소 캠프에서
돌아오니, 크레바스 옆 2캠프가 있던
자리는 부서진 얼음들로 엉망이었다.
우리가 거기 있었다는 어떤 흔적도
남아있지 않았다.

4page 1952년 우리가 티베트 쪽으로
몰래 올라갔을 때 힐러리가 눕 라Nup
La의 가파른 얼음 구간을 탐사하고
있다.

7page 에베레스트 원정 대원들은
임자 계곡Imja Valley의 중간에 있는
6,000미터가 조금 넘는 매력적인 산도
초등했다. 그것은 아일랜드 피크Island
Peak라고 불렸고 요즘에는 쿰부의
산 가운데 가장 많은 사람이 오르는
봉우리가 되었다. 능선상의 우리
캠프에서 보이는 전경. 서쪽으로
눈 덮인 산들이 끝까지 이어진다.

8-9page 오랜 친구이자 등반
파트너인 나와 힐러리. 에베레스트
원정 중에 이 사진을 찍었다. 우리는
모험이 넘치는 삶을 살았고 히말라야
깊은 곳까지 갔다.

10-11page 에베레스트의 무시무시한
피라미드형 바위 쪽에서 설연雪煙이
날리고 있다. 남서쪽으로
15킬로미터쯤 떨어진 이쪽에서
보면, 에베레스트는 눕체의
얼음벽에 둘러싸여 절반쯤 감춰진 채
난공불락으로 보인다.

12-13page 힐러리와 텐징이 웨스턴
쿰의 얼음 덮인 빙하를 따라가고 있다.
우리는 조금씩 정상을 향해 올라갔다.

14page 1953년 5월 29일
오전 11시 30분이었다. 텐징이
에베레스트의 정상에 서서 피켈을
들고 있다. 피켈에는 영국과, 네팔,
UN, 인도의 깃발이 묶여 있었다. 이
성스러운 곳에 도착하자, 텐징은 눈에
구멍을 판 다음 과자 한 봉지와 초콜릿,
사탕 한 움큼을 넣고 정상에 머무르는
신들에게 선물로 바쳤다.

16page 인상적인 아이스 폴 뒤에
네팔과 티베트를 경계 짓는 거대한
로 라Lho La가 있다. 그 뒤로
창체Changtse의 정상인 노스
피크North Peak가 보이는데,
에베레스트는 이 사진 뒤 오른쪽에
있다.

목 차

우리는
산을 정복한 것이 아니고
자신을 정복한 것이다.

1989년 에드먼드 힐러리 경

무엇을 위해
에베레스트를 오르는가?

산에 도전하고자 하는 사람들에게
삶에 대한 열정은 정상을 향한 끊임없는 의지이다.
이것을 이해하지 못한다면,
우리가 왜 에베레스트에 오르는가를
이해할 수 없을 것이다.
우리가 이러한 모험으로부터 얻는 것은 순수한 기쁨이고,
결국 기쁨이란 삶의 목적이기 때문이다.

1922년 조지 맬러리

편집자 주

휴 루이스 존스Huw Lewis-Jones

이 프로젝트는 에베레스트 초등 50주년을 기념하는 자리에서 처음으로 제안되었다. 조지 로우George Lowe의 다정한 친구 에드먼드 힐러리 경Sir Edmund Hillary은 에베레스트에서의 경험을 책으로 발간하겠다는 조지의 생각을 즉각 지지해주었을 뿐만 아니라 바쁜 가운데에서도 흔쾌히 서문을 써주었다. 그리고 이 글은 힐러리 경이 쓴 마지막 글이 아닐까 생각한다. 이것은 오랜 산 친구에 대한 그의 마지막 우정의 표시였을 것이다.

조지는 최근 몇 년 동안 자신의 건강이 나빠졌음에도 언젠가는 이 책을 발간하겠다는 숙제를 늘 갖고 있었다. 조지는 이제 곧 90세 생일을 맞이하게 된다. 에베레스트의 친구들이었던 조지 밴드George Band와 마이크 웨스트매컷Mike Westmacott이 최근 타계했다. 1953년의 대원들 가운데 이제 조지만 남았다.

조지의 집 계단 아래에 있는 배낭에는 깔끔하게 접힌 오리털 재킷과 모직 스웨터들이 들어 있다. 그 옆에는 유리 슬라이드와 빛바랜 사진들, 먼지가 쌓인 신문 스크랩들, 편지 꾸러미, 일기와 지도들로 넘쳐나는 나무 상자들이 있다. 피켈은 문 옆 우산꽂이에 꽂혀 있고, 조지의 책상에는 조그만 회색 돌이 하나 있는데 주의해서 보지 않으면 이 소중한 물건을 그냥 지나쳐 버리기 쉽다. 이것은 에베레스트 정상에서 가져온 돌이다. 수백만 년 전에 해저를 이루고 있었을 석회암이 지구의 압력에 의해 저 높은 곳까지 밀려올라 간 것이다. 힐러리는 돌 몇 개를 재킷 주머니에 넣고 사우스 콜로 내려와 그것을 조지에게 제일 먼저 주었다. 그가 돌아올 때 조지는 기진맥진한 친구를 위해 따뜻한 레모네이드 음료를 큰 컵 가득 가져왔고, 그를 부축해 안전한 텐트로 데려갔다. 나중에 고국에 갔을 때 힐러리는 이 특별한 돌 중 하나를 어머니에게 선물했더니, 그의 어머니는 이 돌을 은 목걸이에 박아 넣어서 늘 목에 걸고 다녔다.

역사가들이 자신들이 숭배하는 사람들을 직접 만나는 것은 흔치 않은 일이다. 조지는 에베레스트에서의 위대한 업적에도 불구하고 오랫동안 '잊힌' 사람이었다. 에베레스트에서의 그의 업적은 그 후 그곳에서 일어난 정상 등정의 성공 또는 사고와 갈등에만 사람들의 이목이 쏠리면서 간과되었다. 아마 그가 자신의 역할에 너무 충실했기에 잊힌 것이 아니겠느냐고도 생각해본다. 그는 눈과 얼음에서는 등반의 달인이었다. 힐러리와 텐징이 정상에 오른 5월의 그 날, 그는 이 최후의 2인조가 성공하는 데 핵심적인 역할을 했다.

이 책은 그의 이야기이다. 새로운 세대가 1953년의 원정을 다시 돌아보고, 겸손한 원정대원들의 승리 — 매일매일의 기록이 역사가 된 — 를 알려주기 위한 목적으로 쓴 책이다. 원정대원들은 돌아와서 자신들의 이야기를 했고 충만한 삶을 살았다. 그들 중 최고가 조지 로우이다. 그는 재미있는 사람이고 다른 사람들을 위해 자신의 시간을 아끼지 않았으며 삶을 긍정적인 자세로 대하고 자신의 성공에 대해 겸손했다. 그들의 성공으로 우리들의 기대치가 높아졌다. 조지는 네팔의 셰르파들을 위해 헌신하고자 했던 힐러리를 도와서 영

18page 라이트박스 위에 1953년의 원정을 기록한 원본 유리 슬라이드가 올려져 있다. 이 원본 유리 슬라이드를 활용하여 수많은 흑백 확대 사진과 인쇄물이 제작되었다. 사우스 콜 위쪽의 모든 사진은 35밀리미터 컬러필름으로 촬영되었다.

국 히말라얀 트러스트의 설립자이자 초대 회장이 되었다. 히말라얀 트러스트는 이 책의 판매가 셰르파들의 미래를 위해 더 많은 기금을 모을 수 있는 계기가 되기를 바란다. 특히 솔루 쿰부Solu Khumbu의 아주 가난한 가정에서 태어난 똑똑한 학생들에게 학자금을 지원하는 로우 장학금에 도움이 되었으면 한다. 이 일은 전직 교사였던 로우가 정말 하고 싶어 했던 일이다.

이 책은 진정한 선물이다. 이 책을 만드는 데 적극적으로 도움을 준 조지의 부인 메리Mary와 아들들, 친척들, 세계 곳곳의 친구들과 이 일을 돕기 위해 적극적으로 나선 등산계의 모든 사람들에게 진심으로 감사를 표한다. 이 책은 이 멋진 사람들에 대한 헌사이기도 하다. 조지에게 감사드린다.

〰

세계 최고봉 에베레스트는 다른 산보다 더 많은 주목을 받는다. 남쪽에서부터 접근해 들어가면, 카트만두에서 북동쪽으로 멀리 떨어져 있는 네팔의 쿰부 지역을 지배하고 있는 에베레스트의 위용과 마주치게 된다. 오랫동안 현지인들은 그 산의 존재를 알고 있긴 했지만, 1865년에 처음으로 측량되어 '15번 봉우리Peak XV'라는 이름이 붙었다가, 곧 대인도 삼각 측량 사업의 전 국장이었던 조지 에베레스트 경의 이름을 따서 '에베레스트'라고 불리게 되었다. 네팔인들은 그 산을 '사가르마타[1]'라고 부르고, 티베트인들은 '초모룽마[2]', 즉 대지의 어머니 신이라고 부른다. 카슈미르Kashmir에서부터 아삼Assam까지 2,400킬로미터에 걸쳐 있는 히말라야에서 에베레스트는 보석 중의 보석이다. 정상은 난공불락의 8,848미터, 즉 29,029피트라고 합의되었지만, 과학자들에 의하면 인도 지각판이 북쪽으로 아시아 지각판을 밀고 올라가면서 매년 약 5밀리미터씩 높아지고 있다고 한다.

에베레스트가 1849년 서양인들에 의해 최초로 관측된 후 그 산에 올라가려는 최초의 시도는 70년도 지난 다음에나 이루어졌다. 세 번의 단독 도전과 실패로 끝난 구소련의 비공식적인 도전을 제외하면 1953년의 원정 성공은 아홉 번째 도전 만에 이룬 쾌거였다. 신뢰할 만한 자료에 의하면 2011년 기준으로 3,450명에 의해 5,640번의 등정이 이루어졌다. 1953년 초까지는 아무도 올라갈 수 없었다. 지금까지 약 223명의 사람들이 정상에 도전하다가 숨졌다. 그럼에도 에베레스트는 여전히 매력을 잃지 않고 있다.

많은 사람들이 에베레스트 사진을 찍었고, 1953년 원정대의 대원들 역시 사진에 관심이 많았다. 대원들 중에 알프레드 그레고리Alfred Gregory와 조지 로우George Lowe가 사진을 잘 찍어서 유명했지만, 조지 밴드George Band와 찰스 와일리Charles Wylie, 존 헌트John Hunt와 에드먼드 힐러리Edmund Hillary도 멋진 사진을 찍었다. 이 가운데 힐러리가 정상에서 텐징을 찍은 역사적인 사진은 곧 세계에서 가장 유명한 이미지가 되었다.

1953년의 원정대는 코닥 레티나II Kodak RetinaII 카메라 두 대와 코닥 레티네트 Kodak Retinette 한 대, 콘택스 Contax 한 대와 롤라이플렉스 Rolleiflex 한 대, 라이카 Leica 한 대를 에베레스트로 가져갔다. 『더 타임스』의 사진 편집자가 지원해준 중형 카메라 슈퍼 이콘타 Super Ikonta도 있었는데, 그 편집자는 다른 사람들이 사용한 35밀리미터 필름이 인쇄용으로 적절치 않을까 봐 우려했다. 그러나 걱정할 필요가 전혀 없었다. 대부분의 사진은 화질이 굉장히 좋았다. 실제로는 이콘타가 사용하기 더 어려웠었는데, 벨로우즈[3]가 베이스캠프 위쪽의 춥고 혹독한 날씨에서 작동이 잘되지 않았기 때문이다.

조지는 뉴질랜드 알프스와 가르왈 히말라야 Garhwal Himalaya에서의 경험으로 혹독한 여건에서 레티나II를 다루는 법에 익숙해져서 에베레스트에서는 아주 숙련되게 다룰 수 있었다. 밤에는 보통 섭씨 영하 40도 밑으로 기온이 내려갔다. 그는 카메라를 따뜻하게 하려고 침낭 속에 넣고 잤다. 바람이 거센 고소에서 난이도가 높은 등반을 해야 할 때를 대비해서 카메라를 목에 건 다음 오리털 재킷 안에 넣어둠으로써 항상 순간 포착을 위한 마음의 준비를 하고 있었다. 눈 덮인 고소에서 그는 언제나 단순하게 사진을 찍었다. 촬영을 할 때 항상 셔터 속도는 1/100, 조리개 노출은 8로 고정하고 평범한 자외선 필터를 사용했다.

로우 컬렉션 가운데 원판과 미출판 사진들을 찾아서 처음으로 이 책에 수록하였다. 놀라운 경치와 솔직 담백한 인물 사진들, 대원들의 운행 모습을 찍은 사진은 이 역사적인 원정의 매일매일의 순간들을 잘 포착하고 있다. 이 사진들은 인간의 위대한 승리에 대한 특별한 증거인데, 특히 2013년이 에베레스트 초등 60주년을 기념하는 특별한 해이기 때문에 그 가치가 더욱 빛났다.

1953년에 이루어진 선구적인 초등의 60주년을 기념하는 것은 당연한 일이다. 2013년은 미국 원정대가 서릉을 오르고 그 산을 처음으로 횡단한 50주년이기도 하다. 또한 티베트 쪽에서 동쪽의 캉슝 벽 Kangshung Face에 있는 사우스 버트레스 South Buttress를 통해 초등한 25주년을 맞는 해이기도 하며, 무산소 초등이라는 놀라운 위업이 이루어진 지 35주년이 되는 해이기도 하다. 이런 모험을 해낸 등산가들이 우리 책에 글을 기고해준 것만으로도 굉장한 영광이다.

이제 많은 나라들이 에베레스트 정상을 목표로 하고 있는 가운데 우리는 에베레스트가 주는 기쁨과 도전을 함께 나누고자 한다. 그렇지만 에베레스트가 바다에서 솟아오른 이래 수백만 년의 시간 동안 인간이 그곳에서 활동한 시간 모두를 합쳐도 그저 찰나에 지나지 않는다는 것을 잊지 말기 바란다.

21page 조지의 믿음직한 코닥 레티나II 카메라. 그가 뉴질랜드에서 등반할 때와 후일 히말라야와 남극을 여행할 때 함께했다. 이 사진집에 나오는 많은 장면들이 이 카메라로 촬영되었다.

오랜 친구

에드먼드 힐러리 경Sir Edmund Hillary

나는 2차 세계대전이 끝난 직후 뉴질랜드 남 알프스에서 조지 로우를 처음 만났다. 조지는 초등학교 선생이었지만 크리스마스 방학마다 두 달을 마운트 쿡Mt. Cook에서 보조 가이드로 일하고 있었다. 우리는 여러 가지로 잘 맞았고 곧 친구가 되었다.

조지는 키가 크고 강인하며 매우 몸이 좋기도 했지만 나는 그의 효율적인 등반 능력에 감탄했다. 그러나 무엇보다도 그의 유머 감각을 좋아했다. 조지와 산장에 있을 때 평생 제일 오랫동안 실컷 웃었던 것 같다. 젊은 시절에 우리들은 한 가지 대단한 경험을 함께했다. 두 명의 좋은 친구들과 함께 미등이던 엘리 드 보몽Elie de Beaumount의 맥시밀리언 리지Maximilian Ridge를 초등한 것이다. 그건 멋진 등반이었고 계속 앞장섰던 조지의 능력에 나의 존경심은 점점 커졌다.

뉴질랜드의 경험 많은 등산가들이 히말라야로 갈 계획을 세우고 있었는데 그들은 조지에게 같이 가자고 제안했다. 조지는 나도 같이 가야 한다고 그들에게 말했지만 나는 이미 초대받은 상태였다. 이 위대한 산들로 나를 이끌고 불을 지른 사람이 바로 조지였다. 원래 계획은 당시로서는 상당히 야심찬 에베레스트 도전이었지만 도중에 거의 모두 빠져버리고 네 명만 남게 되었다. 할 수 없이 우리는 더 작은 대상지로 눈을 돌려 인도의 가르왈 히말라야Garhwal Himalaya에서 미등인 채로 남아있던 많은 봉우리에 도전했다. 우리는 여기에서도 매우 성공적인 시간을 보냈다.

1951년 영국의 유명한 등산가 에릭 쉽턴Eric Shipton이 에베레스트 남쪽 사면에서의 등반 가능성을 조사하기 위해 네팔 입국 허가를 받았다. 우리 대원 중 두 명이 그의 소규모 정찰대에 합류하도록 초대받았는데, 그때 나는 쉽턴과 함께 에베레스트 남쪽에 있는 거대한 쿰부 아이스 폴을 올라갔다. 그리고 다시 푸모리 능선의 약 6,100미터 지점까지 올라갔더니 놀랍게도 그 아이스 폴이 웨스턴 쿰으로 이어지고, 그 위쪽에서는 로체 사면을 통해 사우스 콜로 이어진 것을 볼 수 있었다. 우리는 에베레스트 정상으로 이어지는 등반 가능한 루트가 정말로 있다는 것을 확인했다.

카트만두로 돌아온 우리는 스위스 팀이 1952년에 2회의 에베레스트 등반 허가를 받아두었다는 것을 알게 되었다. 그러나 런던의 왕립 지리학회는 같은 해에 정찰대 한 팀만 보내서 훈련과 고소 적응을 시키기로 결정했다. 조지 로우와 나는 팀에서 가장 잘 맞는 2인조였고 많은 봉우리를 함께 올랐다. 크레바스가 빽빽하게 들어찬 응고줌바Ngojumba 빙하 상부의 좁은 눕 라Nup La를 넘어갔는데, 그 고개는 티베트 동쪽 롱북East Rongbuk 빙하를 가로질러 있었다. 우리는 옛 에베레스트 베이스캠프로 내려가서 노스 콜North Col의 아래쪽을 올라가보았다. 날씨가 나빠지기 시작하더니 폭설이 내렸다. 눕 라로 서둘러 돌아오는데 크레바스의 대부분이 깊은 눈에 덮여버렸다. 우리 다섯 명은 로프로 몸을 묶고 내려가기 시작했다. 나는 앞장서다가 계속 크레

22page   힐러리가 가르왈 히말라야 원정에서 한 달 만에 처음으로 면도를 하고 있다.

바스에 빠졌지만, 조지가 바로 뒤에서 언제나 안전하게 잡아주어 간신히 아이스 폴의 하부까지 내려갈 수 있었다.

우리는 곧 스위스 원정대가 굉장한 분투 끝에 첫 시도에서 실패했다는 걸 알게 되었다. 포스트 몬순에 있었던 그들의 두 번째 공격도 너무나 춥고 바람이 세서 또 실패했다. 그래서 1953년에 우리 팀에게 기회가 왔다. 조지는 이 원정에서 대단한 공헌을 했다. 그는 로체 사면의 루트 대부분을 개척했으며 텐징과 나를 위해 남동릉을 올라가는 루트도 개척했다. 우리가 8,500미터의 고소 캠프에 도달했을 때 조지의 지원조는 우리들에게 필요한 장비를 내려놓고 사우스 콜로 내려갔다. 그들의 위대한 지원 덕분에 텐징과 내가 정상에 올라갈 기회를 가졌다. 1953년 5월 29일 우리는 드디어 성공했다.

∿∿

조지는 계속 원정을 다녔다. 비비언 푹스Vivian Fuchs의 원정대에 참가해서 남극대륙을 횡단하고, 남극점을 지나 맥머도 사운드[4]에도 이르렀다. 우리는 그 후에도 히말라야에 여러 번 같이 갔으며, 조지는 내가 책을 쓰는 일도 도와주었다. 나는 에베레스트에 다녀온 다음 글쓰기에 약간 싫증이 났다. 또한 양봉일과 강연으로 할 일이 너무 많은데도 사람들은 내가 시상자가 되어주거나 저녁 식사 후에 연설이라도 해주길 바랐다. 조지는 사진과 필름 편집에도 뛰어나서 우리의 영화 〈에베레스트 정복〉에서 보여준 그의 기술은 어떤 말로도 표현할 수 없었다. 여러 가지 면에서 조지에게 의존하게 되었는데, 어떤 문제이건 그는 항상 해결해냈다.

그는 내 목숨을 몇 번 구해주기도 했다. 남극에서 우리가 탔던 배 테론Theron을 유빙遊氷 속에서 빼내려고 애쓰던 때가 기억난다. 나는 조지와 유빙 위에 나란히 서서 얼음을 깨 뱃길을 만들고 있었다. 강철 케이블이 프로펠러에 얽혀 로프의 끝처럼 튕겨 나오더니 내 발목을 단단히 감았다. 조지는 케이블이 단단하게 묶이기 전에 재빠르고 침착하게 그것을 때려서 느슨하게 해주었다. 조금만 늦었어도 나는 깊은 바다로 끌려들어갔을 것이다.

여러 해를 즐거운 동료관계로 보내면서 겪은 많은 일들을 몇 마디로 요약하기는 어렵다. 우리의 모험에 찬 삶 중에서도 그는 교육자로서 적극적인 활동을 계속했다. 그는 오랜 시간 동안 칠레 산티아고의 영어학교 교장이었고, 나중에는 영국 교육 기준청[5]의 담당관으로 일하기도 했다. 그는 항상 새로운 등반 프로젝트에는 앞장서서 격려해주었다. 그는 탐험뿐만 아니라 지도력과 통솔력으로도 굉장한 존경을 받았다. 그렇지만 오랜 친구에 대한 나의 깊은 속마음을 무엇으로 표현할 수 있을까?

에베레스트가 가져다준 굉장한 유명세에도 불구하고 나는 항상 등반의 위험성을 싫어했다. 하지만 이런 요소들이 동료 의식을 두텁게 해준다. 동료들과 위험을 함께 겪으면서 그것을 이겨내는 것이야말로 모든 위업 중에서 제일 중요한 것이다. 산에서의 모든 기억들은 좋았던 순간들에 대한 것이다. 내가 좋아하고 함께 즐거운 시간을 보냈던 사람들과 어떠한 어려움에서도 모두가 최선을 다했다는 생각들이 추억으로 남는다. 우리는 최선을 다해 집중적인 노력을 했고, 가진 에너지를 모두 쏟아부었으며, 존경하는 사람들과 크고 작은 일들을 해냈다. 결론적으로 말하자면 조지는 원정을 함께 가기에 참 좋은 친구이다. (2007년)

에베레스트에서 조지가 무전기로 아래 캠프에
메시지를 전달하는 것을 보면서 힐러리가 웃고
있다. 조지의 기억에 의하면 그들 중 한 명이 그때
야한 농담을 했다고 한다.

최고의 성취

크리스 보닝턴 경Sir Chris Bonington

때때로 너무 충격적인 뉴스를 듣게 되면 그 뉴스를 처음 들었던 순간을 영원히 기억하는 경우가 있다. 나에게는 1953년의 에베레스트 초등 뉴스가 그랬다. 비가 오는 어둑어둑한 날, 영국 중부의 헨스퍼드Hednesford에 있는 대영제국 공군 기지의 음산한 연병장에서였다. 그때 나는 군 복무를 갓 시작했었다. 비가 오는 날임에도 우리 지휘관은 자랑스럽게 에드먼드 힐러리와 세르파 텐징 노르가이가 에베레스트를 정복했다고 알려주었다. 우리는 차렷 자세로 서 있었기 때문에 어떠한 반응도 할 수 없었지만, 이 멋진 소식을 듣고 많은 동료들이 미소 지었던 것을 기억한다.

그때는 그 성취가 너무 놀라워 감히 내가 엄두도 낼 수 없는 일이라고 생각했다. 당시에도 열심히 등반을 하고 있기는 했지만 에베레스트까지 넘볼 수 있는 수준은 아니었다. 나는 다음 휴가에 갈 스노도니아⁽⁶⁾에서의 암벽 등반을 꿈꾸고 있었다. 그 시절의 나에게는 알프스와 히말라야가 저 먼 미래에 있는 남의 일만 같아서, 나는 당장 실현 가능한 목표에 매진하고 있었다.

에베레스트 역시 다른 산들처럼 내 등반 경력의 많은 부분을 차지한다. 지구 위에서 가장 높은 한 점은 자석처럼 사람들을 끌어당기는 매력이 있다. 초창기인 1921년 첫 번째 북쪽 정찰등반에서부터 1924년 맬러리와 어빈의 비극적인 도전과 1952년 스위스 팀이 거의 성공할 뻔했던 남쪽 사면에서 이루어진 정상 도전에 이르기까지 성공과 실패의 에베레스트 등반은 극적인 전설 그 자체이다.

1953년 초등 이후의 이야기들도 — 주요 능선과 벽에서 도전적인 등반이 이어지면서 — 마찬가지로 극적이다. 거대한 모든 산에서 이루어진 이런 등반은 일종의 혁명이었다. 몽블랑은 1786년 자크 발마Jacques Balmat와 미카엘 파카르Michael Paccard가 오르기 전까지는 올라갈 수 없는 곳으로 여겨졌지만 이제 그 산의 신비는 가이드를 동반한 여행으로 대체되었다. 여름에는 하루에 백 명이나 등정하고 매년 그중 몇 명은 사망한다. 악천후의 위험은 등반에 매력을 부여하는 요소 중 하나이다.

1953년의 영국 에베레스트 원정 이전에 이미 많은 진전이 그곳에서 있었지만, 1953년에도 어려움은 여전했다. 존 헌트는 전략과 보급의 중요성을 이해하고 있었는데, 그의 지도력은 그들의 성공에 당연히 큰 공헌을 했다. 극지법極地法 등반 방식의 원정은 고도의 팀워크와 대원들 간의 개인적 목표의 희생을 담보하여 최종적으로 성공한다는 것이 핵심적인 요소이다. 정상에 올라간 사람들 뒤에는 알려지지 않은 영웅들의 뒷받침이 있었다. 많은 시간이 흘렀다고 1953년 에베레스트 원정의 위업을 깎아내리려는 것은 잘못이다. 또한 최근에 정말 많은 사람이 그 산을 오르고 있다고 해서 이 위대한 업적의 중요성이 가려져서도 안 될 것이다. 다른 사람의 발자취를 따라가는 것과 가장 먼저 도전하는 것의 차이점을 잊어서는 안 된다. 1953년의 성공은 처음부터 보장받은 것은 절대 아니었다. 원정대는 악천후를 만났고 시간은 점점 흘러갔다. 5월이 지나

26page 베이스캠프 근처 쿰부 아이스 폴에 뾰족한 빙탑氷塔들이 솟아올라 있다. 아름답지만 불안정한 이 빙탑들은 에베레스트에 도전하기 위해 웨스턴 쿰으로 들어가려는 사람들에게는 위험한 장애물이다.

가고 있었는데도 그들은 아직 로체 사면을 넘어서지 못하고 있었다. 조지 로우가 이 구간의 등반에 절대적으로 중요한 역할을 한 영웅이었다. 그는 사우스 콜까지 11일간이나 루트를 뚫었다. 깊이 차오르는 눈을 헤치고 몰아치는 바람을 뚫고 거의 모든 곳에 발 디딜 곳을 깎아야 했다. 현대적인 빙벽장비가 없었던 시절에는 이렇게 했다. 조지의 이런 노력 덕분에 사우스 콜에 가까스로 시간에 맞춰 도착할 수 있었고, 힐러리와 텐징은 몬순이 오기 직전에 날씨가 좋은 며칠을 이용하여 정상에 올라갈 수 있었다.

~~~

그들의 위대한 성취도 에베레스트라는 이 보물에 대한 인간의 욕망을 전혀 멈추게 하지 못했다. 에베레스트가 부르는 유혹의 노래는 계속되었다. 스위스 원정대는 1956년에 다시 와서 에베레스트를 재등하고 거기다 로체까지 초등했다. 중국 원정대도 1960년에 노스 콜을 통해 북동릉으로 올랐다. 1963년에는 미국인 최초로 짐 휘태커Jim Whittaker가 정상에 올랐는가 하면, 동시에 그의 동료 톰 혼바인Tom Hornbein과 윌리 언소울드Willi Unsoeld는 서릉으로 올라 사우스 콜로 내려오는 에베레스트 최초의 횡단등반을 해냈다.

　그다음의 위대한 도전은 1970년대 남서벽에서의 극지법 등반이다. 처음에는 1969년에 일본 원정대가 정찰등반을 하고, 1970년에 본 원정대가 도전했다. 그것이 1971년의 국제 원정대로 이어졌다. 이듬해에 독일인이 혼자 도전했고, 내가 이끈 영국 팀도 가을에 도전했다. 1973년 또 다른 일본 원정대가 왔지만, 우리 모두를 좌절시킨 록 밴드Rock Band라고 알려진 가파른 바위지대가 문제였다. 그 문제는 결국 내가 이끌었던 1975년의 영국 원정대에 의해 해결되었다. 닉 에스트코트Nick Estcourt와 폴 브레이스웨이트Paul Braithwaite가 이전의 모든 원정대를 좌절시켰던 록 밴드를 결국 올랐는데, 이 두 사람은 이 어려운 곳을 해결하고도 정상에 갈 기회를 얻지 못했다.

　많은 원정이 이어졌지만, 더 작고 가벼운 원정을 지향하는 것으로 등반의 흐름이 바뀌었다. 물론 가장 극단적인 것은 1980년 라인홀드 메스너가 몬순 시기에 시도한 단독 등반이었는데, 그때 그는 산 전체를 통틀어 유일하게 혼자만 그곳에 있었다. 나는 이것이 에베레스트 역사에서 가장 중요한 등반이며, 또한 진정한 단독 등반으로는 유일한 업적이라고 생각한다. 1980년 폴란드 원정대가 사우스 콜 루트로 멋지게 동계 초등에 성공했다. 1982년에는 피터 보드먼Peter Boardman, 딕 렌쇼Dick Renshaw, 조 태스커Joe Tasker와 내가 라푸 라Raphu La에서 출발해 북동릉을 통한 초등에 도전했다. 우리가 1975년에 했던 시도와는 다르게 이번 원정은 경량 속공으로 등반하고 싶었다.

　피터와 조는 거의 끝까지 갔지만 안타깝게도 능선 상부의 미등반 구간에서 실종되었다. 피터의 시신은

1992년에 북동릉 노르말 루트로 가는 쉬운 횡단 구간 근처에서 발견되었다. 그는 마치 잠을 자는 것처럼 눈 위에 누워 있었는데 극도로 지쳐서 숨진 것 같았다. 총 여섯 번의 도전 끝에 그 루트는 결국 대규모 일본 원정대에 의해 정상까지 연결되었다. 그들은 4,000미터의 고정로프와 보조산소를 사용했다. 에베레스트의 마지막 최신 루트는 1988년의 영·미 원정대가 개척한 것이라고 할 수 있겠는데, 그 원정대는 캉슝Kangshung 빙하에서 사우스 콜로 올라갔다. 스티븐 베너블스Stephen Venables가 마침내 무산소로 정상에 올랐고 내려오는 길에 고소에서 비박까지 했다.

나는 결국 1985년이 되어서야 전통적인 사우스 콜 루트를 통해 에베레스트 정상에 올라갈 수 있었는데, 노르웨이 최초의 에베레스트 원정대와 함께한 등반이었다. 웨스턴 쿰에는 우리만 있었다. 산소를 사용하고 고전적인 루트를 따라갔지만, 그것은 여전히 내 인생에서 굉장했던 순간 중 하나이다. 물론 그 원정에서 경험한 모든 것이 좋았고, 세계의 정상에 서겠다는 목적을 달성하기 위해 서로 도우며 평생 이어질 우정을 대원들과 쌓았으며, 발아래로 히말라야의 산들이 펼쳐진 광경을 보는 굉장한 경험도 했다. 이해를 마지막으로 네팔 당국은 한 루트에 한 원정대만 허가하는 방침을 폐기했다. 나는 호젓하게 에베레스트에 갈 수 있는 마지막 기회를 잡았던 것이다.

이듬해인 1986년부터는 모든 상황이 변했다. 상업 원정대라는 것이 나타나서 점점 더 많은 사람이 정상에 올라가게 되었다. 어떤 날은 정상까지 이어지는 고정로프를 이용해서 하루에 150명 이상의 사람이 정상에 서기도 한다. 이제 나는 다시는 그곳에 가고 싶지 않겠지만, 다른 방법으로 정상에 갈 수 없는 사람들과 사람들로 붐비는 그 정상에 도달하는 것이 여전히 인생의 최대 목표인 다른 사람들을 비난하지는 않겠다.

지금 뛰어난 등산가들은 소규모 알파인 스타일로, 혹은 단독 등반으로 기술적으로 어려운 새로운 루트에 도전하고 있다. 에베레스트가 인간의 의지와 야심의 보편적인 상징으로 여전히 남아 있고 에베레스트의 초등이 등산역사에서 분명하고도 강력한 한 획을 긋긴 했지만, 우리 등산가들은 탐험에 대한 충동으로 미지의 세계를 찾는다. 중앙아시아의 고산에는 여전히 사람이 밟아보지 않은 능선과 벽들이 있고, 등산가들은 이곳에서 자신만의 등반에 열중한다. 그렇다고 이런 산들이 극한등반을 추구하는 등산가들만을 위한 것은 아니다. 다양한 능력을 갖춘 등산가들이 모험을 맛볼 수 있는 수많은 무명의 봉우리가 있으며, 등산가들은 단순히 고도에서는 맛볼 수 없는 희열을 이곳에서 느낄 수 있다. 조지 로우와 그의 동료들은 1950년대에 선구적으로 이런 등반을 하면서 즐거움을 맛보았다. 등반 경력의 황혼기에 접어든 요즘 내가 즐기는 것도 그런 등반이다. 도전할 수 있는 봉우리들이 점점 작아지고 쉬워진다는 것을 인정하지만, 산의 아름다움에 대한 나의 예찬과 산에서 나누는 우정이 주는 즐거움은 항상 같을 것이다.

산이 거기 있으니까

어떤 사람들의 표현 도구는 물감이나 돌, 보트, 교실, 엔진, 종이와 잉크 등이지만,

극소수의 사람들에게는 바위와 눈과 오르고자 하는 팔다리가 표현 도구이기도 하다.

이것이 "그렇게 고생을 사서 하는 이유가 도대체 무엇입니까?"라는

아주 현실적인 질문에 대한 나의 대답이다.

윌프리드 노이스Wilfrid Noyce, 1954

PLAYER'S CIGARETTES.

BAGGAGE YAK.

PLAYER'S CIGARETTES.

MOUNT EVEREST BASE CAMP.

PLAYER'S CIGARETTES.

GREAT ICE CLIFF.

PLAYER'S CIGARETTES.

MOUNT EVEREST FROM RONGBUK GLACIER.

PLAYER'S CIGARETTES.

MEMBERS OF THE EXPEDITION.

PLAYER'S CIGARETTES.

A FAIRYLAND OF ICE.

PLAYER'S CIGARETTES.

THE TOP OF THE WORLD.

PLAYER'S CIGARETTES.

FROZEN LAKE CAMP.

PLAYER'S CIGARETTES.

THE SUMMIT OF EVEREST.

PLAYER'S CIGARETTES.

FORMATIONS OF ICE.

PLAYER'S CIGARETTES.

MOUNT EVEREST FROM MONASTERY.

PLAYER'S CIGARETTES.

FORMATIONS OF ICE.

2차 세계대전 전에 에베레스트에 도전했던 사람들은 지금의 우리 시각으로는 마치 성인聖人처럼 보인다. 핀치Finch, 브루스Bruce, 노턴Norton, 소머벨Somervell, 맬러리Mallory와 어빈Irvin, 스마이드Smythe, 윈 해리스Wyn-Harris와 웨이저Wager, 쉽턴Shipton과 틸먼Tilman의 이름은 그 자체로 탐험을 상징하는 이름들이고 내 마음속에서는 찬송가의 한 구절과 같다. 나는 그들의 자취를 되짚어갔고 그들이 남긴 말을 따라갔다. 지상에서 가장 높은 곳에 있는 눈길을 걸어가는 나 자신과, 그 길을 그들과 함께 걷는 기분을 상상해보았다. 이 사람들은 선구자였고 자신의 모든 것을 에베레스트에 바쳤다. 우리 등산가들은 무엇보다도 이 점을 존경한다.

에베레스트 등정은 1921년 정찰등반을 시작으로 30여 년에 걸쳐 이루어진 긴 여정이었다. 영국 등산가들과 세르파들, 포터들로 이루어진 열한 번의 원정이 우리가 성공하기 전에 있었다. 그들은 에베레스트 북서 면의 티베트 쪽에 펼쳐진 광대한 계곡과 빙하를 따라 올라갔다. 2차 세계대전의 종료와 함께 이 신성한 땅은 중국령이 되어 그쪽으로 접근할 수 없게 되었다. 우리 임무는 네팔 북부 어디엔가 숨어 있는 남쪽 접근로를 찾는 것으로 바뀌었다. 그것은 탐험의 새로운 장을 여는 것이었다. 우리는 그것을 즐겁게 받아들이면서 공포와 함께 기대와 기쁨이 섞인 들뜬 기분에 휩싸였다.

1953년의 에베레스트 등반으로 그 산이 주는 장엄함이나 매력뿐만 아니라 우리들이 정상에 올라섬으로써 우리의 긴 여정이 끝났다고 생각했다. 그런 우리의 생각이 얼마나 순진하고 잘못된 것이었는지…. 세계, 특히 영국과 관련된 국가들이 우리를 지켜보고 있었고 이전의 다른 어떤 탐험보다도 주목을 끌었다. 우리의 등정은 끝이 아니라 시작이었다.

나는 운이 좋은 사람 중 한 명이었다. 나는 안전하게 산에서 내려올 수 있었다. 나보다 앞서 갔거나 다음에 갔던 사람들은 그렇지 못했다. 그러나 왜 그렇게 올라가는 것일까? 나는 '어떻게' 갔는지를 말하기 전에 '왜' 갔는지를 말해보려 한다. 이것은 아주 단순한 문제다. 산은 나에게 진정한 기쁨을 주는 원천源泉이다. 큰 슬픔을 주기도 하지만, 산에서 얻는 즐거움이 항상 모든 것을 능가한다. 사람들이 흔히 말하듯, 우리는 산을 좋아해서 산에 간다. 만일 누가 산에서 이것보다 더 큰 즐거움을 찾으려 한다면, 그 사람은 등반의 가장 단순한 이유를 이해하지 못한 것이다. 내 생각에, 1953년 에베레스트에 갔던 우리들 중 아무도 고향의 산과 언덕과 바위를 오를 때처럼 즐거울 것이라 예상하며 가지는 않았다. 전문적 등반기술 때문이 아니라 고소가 우리의 몸에 미치는 영향이 가장 큰 시련이 될 것이라는 것을 알고 있었기 때문이다.

그렇지만 여전히 대다수의 사람들이 갖고 있던 의문인 도전의 매력이 무엇이냐에 대한 해답이 숙제로 남아있었다. 조지 맬러리가 이같은 질문을 받자 즉석에서 임기응변으로 '산이 거기 있으니까'라는 유명한 말로 대답했다. 이것이 산에 대한 근본적인 열망이다. 바로 인간의 영원한 도전과 탐험하고자 하는 열망이 우리들을 산으로 다시 이끈 것이다. 맬러리는 아내 루스에게 "내가 본 중에서 가장 가파른 능선들과 가장 무시무시한 수직의 벽들이 있다고 말하는 걸로 충분할 것 같소. 그것들이 나를 얼마나 사로잡고 있는지 이루 말할 수 없소."라고 말했다.

바로 이 깊은 감정, 이 집착으로 인해 그는 세 번째로 그 산을 찾았고, 결국 1924년 동료 샌디 어빈과 함께 에베레스트의 북동릉에서 행방불명되는 비극을 맞이했다. 성공적으로 정상을 향하는 모습이 정상 능선에 두 개의 작은 점으로 목격된 것을 마지막으로 그들은 구름에 가려 보이지 않았다.

다른 많은 사람들도 그 성스러운 정상에 도전해서 실패했지만,

32page 1924년 에베레스트 원정대의 등정을 염원하는 기념 담배에 인쇄된 원정대 사진. 여기 나오는 사람들은 티베트 쪽 루트의 선구자로 나의 영웅들이었다. 1952년 나는 운 좋게도 그들의 발자취를 따라 티베트로 갈 수 있었다.

31page 우리의 1951년 첫 히말라야 원정에서 힐러리가 무쿠트파르바트 사면 아래쪽 아무도 가지 않은 계곡의 능선을 올라가고 있다.

그들의 도전 결과는 우리에게 그들이 도달했던 바로 그곳에서부터 우리가 다시 시작할 수 있다는 용기를 주었다. 1921년 프랜시스 영허즈번드 경Sir Francis Younghusband은 초기의 원정대원들이 영국을 떠날 때 "등반에 대한 강렬한 열망이 있는 사람이라면 당연히 에베레스트를 그냥 보고만 있지는 않을 것이다. 너무나 많은 등산가의 가슴에 세계에서 가장 높은 산의 정상에 서고자 하는 바람과 의지가 있다."라고 말했다. 맬러리에게 등반이란 영적 탐험이었다. 그것은 '몸부림치면서 알아가는' 과정이었고, 첫 번째가 없으면 두 번째도 없는 그런 여정이었다. 현실적으로도 에베레스트는 그보다 더 많은 것을, 그보다 더 높고 차원이 다른 것을 요구했다. 1922년 맬러리는 "에베레스트의 꺼지지 않는 광채光彩와 손상되지 않는 자존自尊, 정복되지 않는 탁월함을 찬양할 수밖에 없다."라면서 에베레스트의 도전할 만한 가치에 대해 찬탄하기도 했다.

하지만 나는 지금도 그가 이것을 더 단순하게 표현한 이 말이 더 좋다. 다시 말하자면, '산이 거기 있으니까' 가는 것이다. 나에게도 에베레스트가 최고봉이라는 것이나, 자연과 싸워서 위대한 승리를 거두고 명예를 좀 얻는다는 것이 사실 별로 중요하지 않았다. 그런데도 사람들은 1953년 에베레스트를 정복했을 때 나에게 그런 말을 해주기를 원했고, 그들은 마음대로 그런 표현을 썼다. 나에게는 그저 그곳에 가보고 싶은 마음이 가장 중요한 것이었다. 가서 도전해보려는 깊은 열정, 위대한 일에 참여하고 나의 모든 것을 바칠 기회를 갖고 싶다는 열망이 가장 컸다. 나에게는 그 이상도 이하도 아니다.

우리가 정상을 등정한 것은 에베레스트 이야기의 끝이 아니라 새로운 시작이었다. 1953년 여름에 에베레스트를 정복했단 말인가? 아니다, 그렇지 않다. 단지 앞서 간 사람들의 정신과 희망을 모두 가슴에 품고 갔던 것이고, 그들의 노력 덕분에 성공할 기회를 얻을 수 있

었던 것이다. 1924년 소머벨과 노턴이 8,570미터 정도까지 힘겹게 도달하는 데 성공했고, 1933년에 스마이드와 윈 해리스, 웨이저도 그 고도까지 올라갔다. 1952년에는 스위스의 등산 가이드였던 랑베르Lambert와 셰르파의 자부심인 텐징이 남쪽에서 거의 같은 고도에 도달했다. 우리는 그들이 이룩한 업적에 고무되었다. 물론 우리들 각자에게도 야심이 있었지만, 세계의 지붕에 올라간다는 더 큰 목표가 우리 팀 모두의 마음속에 있었다. 정상만큼 가치가 있는 것은 없었다. 그리고 우리는 모두 각자의 역할을 충실히 했다.

● 크고 갈색이며 차체가 높은 산악용 버스는 고무 타이어가 장착된 흉한 물건이었는데, 우리를 호텔에서 계곡 아래쪽을 지나 둥근 바위들이 가득한 황무지를 건너 말라붙은 개천 바닥을 거쳐 드디어 빙하 옆까지 데려가더니, 그곳에서 짐과 등산가와 마운트 쿡Mt. Cook 관광객들을 토해냈다. 조금 있다가 빙하를 처음 보는 관광객들을 다시 버스에 태우고 빙하 앞으로 가서, 얼음을 깎아 발 디딜 곳을 만들어주면서 그들이 좋아하는 곳까지 안내하게 되었다. 계곡과 산의 경치가 무척 아름다워서 나는 그 덜컹거리는 버스를 타는 것을 늘 즐겼다.

어느 날인가 뒷좌석에 팔다리가 길고 열정적인 표정을 짓고 있는 청년이 혼자 앉아 있었다. 구식 순모純毛 바지에 발목에는 스패츠를 차고, 체크무늬 셔츠와 목이 긴 스웨터에 구깃구깃한 갈색 스키 모자를 쓰고 피켈과 작은 배낭을 갖고 있었는데, 그의 호기심과 흥분에 찬 눈동자는 경치를 보려 이리저리 움직이고 있었다. 나는 버스 뒤쪽에 그와 함께 앉아서 자연스럽게 산에 관한 이야기를 나누었다. 그 호기심에 찬 선량한 눈빛은 계속 그대로였다. 그는 전쟁 중에 전투기를 조종했고 나보다 네 살 더 많았으며 오클랜드에 있는 아버지의 양봉장에서 아버지와 함께 일하고 있었다.

"우리 아버지가 과수원을 하면서 양봉도 조금 하시는데, 생각해 보니 우리 여왕벌을 어떤 오클랜드 사람이 보내줬던 것 같습니다. 이름이 힐러리였던 것 같네요."라고 내가 말하자, 그 청년은 "그게 우리 가족이에요."라고 말했다. 그러면서 그는 "제 이름이 힐러리입니다. 세상 참 좁네요, 그렇죠?"라고 덧붙였다. 우리가 이 우연에 대해 농담을 약간 하면서 서로를 좀 더 알아가려 하는 순간에 버스가 정류장에 섰다. 힐러리는 빙하 위쪽 산장에서 산 친구를 만날 계획이었다. 우리는 주소를 교환하고 악수를 했다.

"내년쯤 함께 등반하죠."라고 말하며 그는 배낭을 어깨에 메고 길고 마른 몸을 가볍고도 부드럽게 움직이며 얼음 위를 성큼성큼 걸어 멀리 갔다. 나는 다시 빙하 관광객들을 인솔하기 시작했는데, 그날 가이드 일은 별로 기억이 나지 않지만 이 호감 가는 초면의 남자와 내가 파트너가 되어 등반하는 상상을 하면서 시간을 보냈던 일들은 기억난다.

이것이 1946년 크리스마스 무렵의 일이었다. 나는 허미티지 호텔에서 크리스마스 일거리를 구했는데, 그때가 바로 등산 가이드들이 제대해서 전쟁에서 돌아오던 시절이었다. 돌아보면 나는 운이 좋았다. 나는 거기서 몇 주 동안 평생 닦을 만큼의 유리창을 닦고 완두콩을 까면서, 틈틈이 가이드들과 동행해서 산악용 버스 문을 열고 닫는 것을 내가 보조할 수 있도록 그들을 설득하는 데 성공했다. 그리고 얼마 지나지 않아서 관광객들을 빙하 위로 데리고 갔다가 그들을 안전하게 데리고 내려오는 일까지 돕게 되었다.

관광객들이나 나나 그전에 빙하를 본 적은 없었지만, 내가 빙하를 처음 봤다고 말하지 않았기 때문에 그들이 나를 숙련된 전문가로 생각하는 오해를 하기도 했으나 굳이 나도 처음이라고 얘기할 필요는 없었다. 얼마 후 가이드 대장을 돕게 되었는데 그가 전설적인 해리 에이레스Harry Ayres였으며, 힐러리에게 등반을 가르치기로 했던 사람이었

다. 그러니 나는 또 한 번의 행운을 잡았다. 해리가 앞에, 힐러리가 중간에, 나는 뒤에 로프를 묶으면서 우리 둘 다 최고의 전문가로부터 빙벽 기술을 배우게 되었다.

다음 동계등반 시즌에 마운트 쿡 등반을 하고 싶었지만, 대학 친구 제프리 밀른Geoffrey Milne과 나는 우리가 해온 시시한 등반보다 더 어려운 등반을 해낼 능력이 충분하다고 생각하고 있었다. 우리의 목표는 뉴질랜드 남 섬 북쪽 귀퉁이에 있는 해발 2,877미터의 알람Alarm 동계 초등이었다. 대원으로는 젊은 기자 이안 맥커시Ian Mackersey와 교사였던 테오 힐즈Theo Hills가 있었다. 우리의 도전보다 정확히 한 달 전에 힐러리와 그의 남동생 렉스Rex 그리고 또 다른 친구 한 명이 알람에 도전했지만 실패하고 돌아왔다. 대신 그들은 태피Tappy를 횡단하고 그 산을 동계 재등再登하는 데 성공해서 사람들을 놀라게 했다. 우리는 계획대로 알람에 도전해서 다음 날 정상에 오르고 태피까지 등반했다. 나중에 마운트 쿡 횡단 등반이라는 큰 프로젝트에 도전해서 14시간 만에 간신히 성공했지만 다시는 그런 등반을 하고 싶지 않았다. 그 시절 또 다른 위대한 가이드 믹 보위Mick Bowic가 기진맥진해서 호텔로 돌아오는 우리를 보면서 미소를 짓던 것이 생각난다. 그는 껄껄 웃으며 "이봐, 왜 그렇게 오래 걸렸어?"라고 말했다.

● 뉴질랜드 산을 잘 모르는 사람들을 위해 보충 설명하자면, 오늘날의 장비를 갖고도 이 산들은 정말 어렵다. 산에서는 고도만 중요한 것이 아니다. 사실 3,000미터 전후의 마운트 쿡이나 알람은 4,000미터 고도의 스위스 마터호른이나 히말라야의 6,000미터 봉우리와 환경이 비슷하다. 뉴질랜드 산들은 설선雪線이 훨씬 아래에서 시작되기 때문이다.

마운트 쿡은 다른 산과는 정말 다르다. 훨씬 더 장엄하고 신성

하며 계곡에서 멀리 떨어져 있다. 구름이 솟구쳐 올라 얼음 덮인 정상 주변을 감돌거나 옆으로 흘러 지나갈 뿐 정상을 넘어가지는 못한다.

제프Geoffrey Milne와 나에게 마운트 쿡의 하계 능선종주는 경이로움 그 자체였다. 얼마나 자주 상상했던지 성스러운 하늘 위의 얼음 능선을 밟는 기분을 느끼는 것은 그 시절 우리의 어떤 열망과도 비교할 수 없었고, 상상이 보태지면서 구체화되고 다듬어졌다. 그리고 마운트 쿡을 실제 등반했을 때도, 우리의 상상과 기대가 크게 다르지 않았다. 등반한 높이를 전부 합치면 3,700미터나 되지만, 얼음에 덮이지 않은 땅을 그렇게 오랫동안 걸어 올라간다는 생각에 우리 둘 다 신이 났다. 낮은 봉우리에서 어느 정도 가서 중간 봉우리에 이르고 또 정상으로 가고 하는, 사실 계속 움직이는 것이 아무것도 하지 않는 것보다 훨씬 좋았다.

더 큰 산에 올라보고 싶다는 힐러리와 나의 계획은 1951년이 되어서야 실현되었지만 그다음 두 시즌 동안에도 힐러리를 꽤 자주 만났다. 1950년 사나운 눈보라로 산장에 갇혀서 세상 소식을 듣지 못한 적이 있었는데, 바로 그때 우리의 관심사에 대해 이야기를 나눌 기회가 있었으며 이듬해에는 큰 산에도 함께 오를 수 있었다. 제프와 내가 마운트 쿡 등반이 시작되는 아래쪽 사면에 있는 하스트Haast라는 이름의 대피소에 갔는데, 마침 그때 힐러리가 브라이스 모턴Bryce Morton이라는 이름의 젊고 점잖게 생긴 일행과 도착했다.

힐러리 일행이 도착한 직후 폭풍우가 시작되어서 그저 가만히 앉아서 날씨가 좋아지기를 기다리는 수밖에 없었다. 우리 넷은 오두막 안에서 기다리다가 날씨가 좋아지면 같이 팀을 짜서 등반하기로 했다. 그러나 눈은 끊임없이 내리고 바람은 계속 불어 거의 닷새 동안 갇혀 있었다. 큰 달력에 게임판을 그리고 우리 중에 손재주가 있는 친구가 무와 당근으로 말을 만들어서 체커 게임도 하며 즐겁게 보내기도 했다.

그러는 동안에도 눈이 계속 내려서 벽을 넘어 창문으로 들어오기도 했다. 게임과 어설픈 요리를 하면서 히말라야에서 등반하면 얼마나 좋을까 상상했는데, 그곳은 그 시절 우리처럼 경험이 부족한 등산가들에게 금단의 성역까지는 아니었지만 가볼 기회가 없는 곳이었다. 둘째 날이 끝나갈 무렵 우리들의 이야기는 더 대담한 경지까지 발전해서 힐러리와 나는 서로에게 "히말라야라고 못 갈 게 뭐 있겠어?"라고 말하고 있었다.

사실 뉴질랜드는 스위스 알프스 산군보다 히말라야 원정을 위해 더 적절한 훈련지였다. 남 섬 동쪽에는 높은 고원지대가 있고 서쪽에는 가파르게 깎인 계곡들이 있는데, 이런 산악지형은 에베레스트 지역과 크게 다르지 않아 우리가 겪어야 하는 문제들 역시 비슷했다. 즉, 무거운 짐을 나르고, 바위보다는 얼음과 맞닥뜨리고, 등반의 초기 단계에서 도움을 받을 수 있는 편리한 기차가 없고, 고산에서의 편의시설이 거의 없다는 것이다. 식량과 보관, 베이스캠프와 루트에 대한 계획 수립에서 본다면, 우리 뉴질랜드에서의 등반은 진정한 의미에서의 '원정'이다.

그래서 1950년 크리스마스와 새해 첫날 사이에 우리 다섯 명은 히말라야 훈련 등반으로 계획된 남 섬 여름 등반에 나섰다. 나의 동료는 바리스타barrister인 얼 리디포드Earle Riddiford와 공학기사인 빌 비번Bill Beavan, 의류 판매상인 에드먼드 카터Edmund Cotter와 힐러리였다. 우리 모두 크리스마스 전날까지도 뉴질랜드 전역에 흩어져 있었기 때문에 사전 원정 준비는 대부분 편지로 했고, 크리스마스 전날에야 비로소 그 고장의 3,109미터 봉우리이자 가장 북쪽에 있는 엘리 드 보몽 동쪽 산장에서 만났다.

내가 봤던 산들과 아마도 앞으로 볼 모든 산 가운데 단연 엘리 드 보몽은 경외감을 불러일으킬 정도로 산의 다양함을 갖추고 있다. 거대

36page 정상 능선에서 본 마운트 쿡(3,754m)의 최고봉.
1949년 나는 이 웅장하고 멋진 능선을 처음으로 횡단했다. 마운트
쿡은 뉴질랜드 남 알프스의 제왕으로 날카로운 얼음들이 휩쓸고
지나간 바위벽과 깊은 골짜기가 수천 미터 아래 빙하로 연결되어
있는 거대한 산이다. 이 빙하들은 고도가 해수면과 거의 같다.

37

하고 오르기 어려우며 길고도 뾰족뾰족한 능선이 바다로부터 고작 몇 킬로미터밖에 떨어지지 않은 곳에 있는 밀림과 야생의 관목지대에서 시작된다. 그 정도 높이임에도 히말라야에서 볼 수 있는 난이도와 장애물, 위험과 아름다움을 모두 갖추고 있다. 또한 계곡마다 다이아몬드처럼 단단하고 가파른 빙하가 펼쳐져 있으며, 강과 숲은 이리저리 뒤틀려 있다. 작열하는 12월의 태양 아래에서 7일간의 트레킹을 하고 아무도 넘어본 적이 없는 세 개의 고개를 넘어야 진정한 등반이 시작되기 때문에 엘리 드 보몽 근처에 도착하는 것만으로도 대단한 일을 하는 것이다.

우리는 각자 30킬로그램의 짐을 지고 넘었는데 가파른 구간에서는 짐을 두세 번 나눠서 같은 구간을 여러 번 왕복해야 했다. 우리는 짐을 조금씩 더 높은 바위지대로 올리기 위해 매일매일 매시간 쉬지 않고 짐을 나르는 다섯 마리의 일개미 같았다.

새해가 되어 주능선 등반 준비를 했다. 힐러리는 곧 다가올 미래의 자신처럼 그토록 강인하게 단련된 등산가는 아직 아니어서 후미에서 힘들게 올라오곤 했는데 늘 바로 내 뒤쪽에 있었다. 그러나 우리가 능선을 절반쯤 올라가던 아침에 예상치 못하게 그의 리더십이 발휘되는 계기가 있었다. 바다로부터 불어오는 갑작스러운 폭풍 때문에 우리는 후퇴해야 했다. 그것은 새벽 직전의 이른 시간이었는데 서로 아무 말도 하려 하지 않았고, 내가 앞장서고 힐러리는 나를 따라오려 애쓰면서 고개를 숙이고 약간은 헐떡거리며 바로 뒤에서 오고 있었다.

내가 등에 멘 배낭이 무겁게 짓누르는 상황에서 작고 둥근 돌덩어리에 발을 딛자마자 중심을 잃고 떨어질 뻔하다 비틀거리며 조금 뒷걸음질 쳤는데 갑자기 힐러리가 고통스러운 소리를 질렀다. 힘이 잔뜩 들어간 나의 등산화 뒤축으로 그의 발가락을 제대로 밟았던 것이다. 힐러리는 아픈 표정으로 멍든 발을 살펴보면서 "발가락 없이는 등반을 못해. 다음에는 내가 앞에 갈게."라며 대수롭지 않게 말했다.

산에 있는 동안 우리는 자주 키이kea라는 앵무새 때문에 애를 먹었다. 이 새는 뉴질랜드에서만 사는데 버릇없고 물건까지 훔쳐간다. 어느 날 힐러리는 이 새를 한 마리 쏴서 잡아 저녁 식사거리로 가져오겠다고 호언장담하면서 온갖 익살을 부렸다. "쏜다고? 무엇으로?"라고 내가 물었다. 힐러리는 "활과 화살을 만들어야지."라고 말했다. 피켈을 갖고 작업에 들어가더니 관목 숲에서 나무를 잘라내어 신발 끈 두 개를 가져와 한데 묶어서 조금 이상하게 생긴 거대한 활을 하나 만들었다. 그런 다음 관목 숲에서 곧은 나뭇가지를 몇 개 잘라와 화살도 만들었다. 그는 모닥불을 피워서 화살촉을 불에 그슬려 날카롭게 만들었다.

나는 그가 머리는 산발을 하고 헙수룩한 야생의 동굴 원시인 같은 차림을 한 채 불 앞에 쭈그리고 앉아 있던 모습을 기억한다. "넌 꼭 원시인 같은데, 그 도구 갖고는 동물을 못 잡을 것 같아."라고 내가 말하자, 힐러리는 일어나서 긴 팔다리를 쭉 뻗고 원시인 같이 찡그린 표정을 지어보이더니 새로운 무기를 갖고 걸어가 버렸다. 나는 그가 못된 장난을 하는 초등학생 아이처럼 호기롭게 바위 주변을 기어 다니는 것을 보았다. 30분쯤 후 그가 의기양양하게 새를 한 마리 들고 나타나서 모두 놀랐다. 키이는 깃털이 있을 때는 상당히 큰 새인데 깃털을 뽑으면 조그맣다. 우리는 그 가엾은 새를 압력솥에 조리해서 모두가 억지로 한 입씩 먹었다.

다음 날 또 다른 놀라운 일이 우리를 기다리고 있었다. 출발할 때부터 빌 비번은 몸이 정말 좋지 않다고 불평했는데 큰 오버행 바위 밑에서 야영할 무렵 무슨 병인지는 모르겠지만 병색이 완연했다. 새해 들어 3일째가 될 무렵 우리는 정상으로 연결되는 주능선으로 출발할 계획이었는데, 그날 새벽 1시에 아침을 먹고 나자(하루 종일 힘을 써야 해서 굉장히 많이 먹었다.) 빌이 눈에 띄게 아팠다. 힐러리와 내가 그의 얼굴에 난 반점을 발견했다. 빌이 셔츠 앞 단추를 풀어 제쳤는데 가

마운트 쿡과 태즈먼Mt. Tasman(3,585m)은 히말라야의 봉우리에 비해서 낮은 편이지만 이 산에서 흘러 내려오는 빙하와 빙벽은 에베레스트 지역만큼이나 어렵다. 나는 이 사진을 1947년 3월 30일 하스트 고개Haast Pass 상공을 비행할 때 촬영했다.

슴에는 더 많은 반점이 있었다. 이상하게도 수두에 걸린 것이다.

빌은 만용을 부리며 "이틀분의 식량과 물만 두고 그냥 가. 그럼 내가 여기 바위 바로 아래에서 너희가 등반을 마칠 때까지 기다릴게." 라고 말했다. 우리는 스스로 비열한 것이 아닐까 하는 생각에 마음이 괴로웠지만 한편으로는 그의 말대로 하면 지금까지보다 좀 더 가볍게 등반할 수 있겠다는 마음도 들었다. 빌이 흔쾌히 거절해주기를 바라면서도 같이 가자고 말했는데 그가 딱 부러지게 우리의 등반이 계속되어야 한다고 말해주어서 조금 위안이 되었다. 그래서 우리는 그가 바위 아래에서 최대한 편안하게 있도록 준비해주고 떠났다.

나와 힐러리가 한 조가 되고 얼은 에드먼드 카터와 한 조가 되어 우리 뒤를 따라왔다. 우리는 어떤 각도에서 사진을 찍어도 잘 보이는 삐죽삐죽한 맥시밀리언Maximilian 리지에 있었는데, 다른 모든 초등과 같이 우리의 등반도 13시간 동안 쉬지 않고 올라가야 했고, 새벽의 푸짐한 식사 이후부터는 더 이상 어떠한 음식이나 음료도 섭취하지 못하

는 등의 어려움을 겪었다.

마라톤과 같은 등반이 오후 서너 시쯤 끝났다. 정상에 도착해서 마운트 쿡 전체를 바라보니 지난 7일간 트레킹해서 온 그곳들이 장엄한 파노라마로 펼쳐졌다. 이미 이전에 다른 사람들에 의해 등정되긴 했지만 그 동안의 등반은 접근이 훨씬 쉬운 다른 쪽 사면에서만 이루어졌다. 우리가 올라온 루트는 사실상 알려지지 않은 곳이었고 얼음 협곡과 새로운 빙하들로 기술과 담력을 필요로 하는 곳이었다.

새로운 산과 새로운 능선에 설 때면 언제나 모든 등정이 한없이 경이롭다. 등산가들은 암벽 뒤쪽의 상황들을 전혀 알지 못해, 언제 하산해야 되는지, 포기시점이 언제가 될지 모른다. 느리고도 느린 등반에서 대화조차 하지 않는 그 강인한 집중력은 마치 고속도로에서 자동차를 몰 때와 같은 긴장감과 비슷하다. 서로 이야기도 나누지 못하면서 할 일은 많고, 계속 새로운 상황에 적응해야 한다.

정상을 향해 바위와 얼음 사면을 올라가고, 뒤따라오는 두 번째 사람을 확보해주고, 발 디딜 자리를 깎기도 하고, 암벽에서 손가락 힘으로 매달리면서 재빠르게 다시 올라간다. 그때마다 흥분한 안도의 외침이나 승리의 감탄사가 나온다. 선등자도 겁이 나지만 바로 뒤에 따라오는 후등자 역시 더욱 겁이 날 것이라는 서로의 마음을 각자가 잘 이해해주면서 두려움에 관해 생각하지도, 어떤 말을 하지도 않는다.

어두워지기 전에 내려와야 되기 때문에 정상에서는 쉴 시간이 거의 없다. 폭풍이 불어오면 대피할 곳도 없어서 너무 위험하다. 그런데 새로운 문제가 생겼다. 몇 시간을 등반하는 동안 힐러리의 표정이 평상시와 달리 점점 어두워졌다. 우리가 능선 꼭대기에 도달할 무렵 그는 몸이 좋지 않다고 이야기했다. "네가 계속 앞에서 가면 내가 따라갈 수는 있을 것 같아."라고 그가 말했다. 그래서 우리는 이런 컨디션 속에서 정상으로 가는 등반을 마쳤다. 하산은 쉽지 않았고 거의 어두워질

무렵이 다 되어서야 내려오게 되었는데 힐러리가 심하게 열이 났다. 그
도 수두에 걸린 것이다.

그 후 5개월도 되지 않아, 1951년 꿈꾸던 히말라야로 가게 되
었다. 그때가 일생을 통틀어 제일 몸이 좋았고, 내가 예전에 다친 왼쪽
팔 때문에 평생을 불편하게 살면서 신체적으로 '별로 쓸모가 없을' 운명
이라고 걱정했던 게 우스울 정도였다.

9살 때 집 베란다 계단에서 거꾸로 떨어져 왼쪽 팔꿈치 위의 뼈
가 완전히 부러졌다. 그 후 그 팔은 거의 2년 동안 계속 문제를 일으켰
다. 팔이 나을 기미를 보이지 않은 것이다. 결국은 팔이 여러 번 다시
부러져, 마취제를 적신 수건을 얼굴에 댄 채 식탁에 엎드려, 그만큼 복
잡한 수술을 받아야 했다. 뼈를 다시 이어 보려고 일곱 번이나 시도했
지만 팔에 근육이 생기기도 전에 성장을 해서 지금까지 내 왼팔에는 사
실상 근육이 없다. 팔의 움직임은 부자연스러웠지만, 나는 의사의 '평
생 불구'라는 고약한 예언이 틀렸다는 것을 입증하기로 마음먹었다. 이
런 일도 있었지만 나는 스스로 운 좋은 놈이었다고 늘 생각해왔다.

스물한 살까지 등산가도 아니었고, 그때는 고소 공포증도 있었
다. 마음이 여린 성격은 아니었는데도 누군가 운동과 관련한 시범을 조
금이라도 보여달라고 요청하면 언제나 겁도 나고 가슴이 떨려 주저주저
했다. 내가 위험한 취미를 갖게 된 진정한 이유가 역설적이게도 높은 곳
에 가면 마음이 불안해지고 기분이 나빠지는 것과 초등학교 시절에 팔
꿈치가 부서진 사고의 결과로 얻은 장애 때문이라고도 할 수 있다.

당연한 일이기도 하지만 뉴질랜드 북 섬 헤이스팅스의 농촌에서
살던 우리 대가족은 나를 제외하고 모두 등반이라는 취미생활과는 거
리가 멀었다. 나의 아버지는 여덟 명의 남매 중 일곱째이고 나는 일곱
명의 남매 중 막내였다. 아버지는 과수원을 했고, 세계대전 후의 힘든
시절이었지만 부모님 두 분 모두 항상 활기차고 긍정적이셨고 우리도

뉴질랜드 가르왈 원정대. 에드먼드 힐러리와 에드먼드 카터, 나, 그리고 얼 리디포드가 고향에
서 출발하고 있다. 얼은 이 신문 보도용 사진을 찍을 때 피켈을 갖고 찍는 게 못마땅해서인지
평소와는 달리 약간 시무룩해 보인다.

그렇게 살도록 늘 격려해주셨다.

나는 열여덟 살에 첫 번째 카메라로 코닥을 샀는데, 그전부터도
사진에 관심이 많았다. 고등학교 졸업반인 5학년 때 학교를 빼먹은 적
이 있었는데, 그 날 자전거를 타고 집은 나섰지만 학교에는 가지 않았
다. 대신 사진 현상을 하던 오랜 친구에게 갔다. 그는 학교를 그만두고
뉴질랜드 전역을 대형 사진으로 만들기 위해 항공촬영을 하고 있던 비
행사 피에트 반 애쉬Piet van Asch 밑에서 일하고 있었다. 그것은 선구적
인 작업으로 그들이 하는 일을 보고 사진에 푹 빠졌다. 결국 반 애쉬를
따라 몇 번 비행하면서 하늘에서 산을 촬영했다. 학교를 빼먹고 비행기
에 앉아서 산의 정상을 바라본 것은 정말 잘한 일이라고 생각했다. 어
떤 날은 며칠씩 그 스튜디오에 앉아 작업을 지켜보면서 밤새 사진만 생
각하기도 했다. 나는 당연히 그 학년을 유급당해야 했다.

하지만 그 당시에 누군가, 내가 몇 년 후 에베레스트의 정상 바로 근처에서 사진과 영화를 촬영할 것이라는 데 큰돈을 걸고 내기를 하자고 했다면, 나도 못 한다는 편에 돈을 걸었을 것이다. 나는 여전히 사진을 배우는 중이었고 높은 곳이 무서웠다. 그리고 일반인들의 "두려움을 모른다."라는 인식은 생각보다 틀린 경우가 많다. 내 생각에 정말 두려움이 없는 사람이라면 높은 산에 올라가지 못할 것이라 생각한다. 뭔가를 더 두려워할수록 대상이 더 커 보이는 경우가 있지만 자연스럽게 그 공포감은 관리, 극복, 조절되며 진실로 원하면 자신을 이겨내게 된다. 하지만 경솔한 사람들은 항상 스스로를 믿지 못하여 대개는 자신을 극복하는 데 실패한다.

이 시절 일기에 썼던 짧은 인용구가 있다. 그것은 "죽음은 선물이다. 죽음이 없다면 삶은 가치가 없다."였다. 나는 여전히 우리가 높은 난이도의 등반을 위해서는 생명과 팔다리를 잃을 위험을 어느 정도 감수할 수밖에 없다고 생각한다. 우리가 처음으로 큰 등반을 했을 때, 힐러리는 "최소한 두 번 정도 얼이 빠질 정도로 두렵지 않았다면 그 등반은 그다지 가치가 없는 것이라 생각해."라고 말했다. 이것이 바로 1951년 6월에 우리가 히말라야로 관심을 돌릴 무렵 내 귓가에 맴돌던 말이었다.

우리 팀은 얼 리디포드와 에드먼드 카터, 힐러리 그리고 나였는데 넉 달 동안의 원정을 위해 1,300파운드 정도가 필요했다. 명칭은 뉴질랜드 가르왈 원정대로 했다. 그때 내 예금 전액은 150파운드뿐이었다. 힐러리가 400파운드를 갖고 있었고, 뉴질랜드 산악회와 캔터베리 산악회에서 일부 지원을 받고 100파운드 정도 빌리면 9월까지는 근근이 버틸 것 같았다. 이 등반은 아주 역동적이었는데 결과적으로 우리가 기대했던 것보다 훨씬 좋은 성과를 내었기 때문에 굉장히 중요한 등반이긴 했지만 여기에서는 상세한 일정을 생략한다.

우리는 인도와 티베트 국경의 6,000미터 급 봉우리 중 하나를 대상으로 하는 작은 욕심을 갖고 시작했다. 이 정도의 봉우리 하나라도 오르면 만족한 원정이 될 것이라고 이야기하곤 했다. 그러나 8월 말이 되자, 네 명의 셰르파와 함께 무쿠트파르바트(7,242m)뿐 아니라 6,000미터 이상의 봉우리를 다섯 개나 더 등정해서 신이 났다. 그 시절 무쿠트파르바트는 인간이 오른 봉우리 중 15번째로 높은 봉우리였다는데, 그 당시 우리는 그걸 몰랐고 몇 년 지난 다음 어떤 독일인이 과연 독일인답게 그때까지 정복된 모든 산의 목록을 만들 때에야 알게 되었다.

히말라야에서 철수하는 길에 기차역이 있는 오래된 산간 휴양도시 라니케트Ranikhet로 왔다. 우리 팀은 행복했고 배를 타고 고향으로 가서 히말라야보다는 다소 보잘것없지만 뉴질랜드 산의 품으로 돌아갈 준비를 하고 있었다. 라니케트의 조그만 호텔에서 성대한 저녁 만찬 전에 우리에게 온 꽤 많은 편지 꾸러미를 훑어보았다. 그 편지 꾸러미 안에 뉴질랜드 가르왈 원정대에게 공식적으로 보낸 얇은 전보가 있었다. 영국의 유명한 등산가인 에릭 쉽턴Eric Shipton으로부터 온 전보였다. 그 전보는 호텔 휴게실에서 편히 쉬던 네 명의 성격 좋은 뉴질랜드 사람들을 우리에 갇힌 맹렬한 호랑이로 변하게 했고, 서로 간에 질투심으로 반목하게 만들었다.

쉽턴의 영국 원정대는 에베레스트 남쪽 정찰을 목표로 하고 있었다. 그는 우리 뉴질랜드 팀이 히말라야에서 성공을 거둔 것을 알고 있었는데, 전보는 대략 이런 내용이었다. "여러분 중 두 명을 우리 팀으로 초대함. 네팔로 들어갈 허가를 받을 수 있어야 하고 개별적으로 식량과 장비를 준비해야 함." 우리 중 누구든 두 명이었다. 근사했다. 일생일대의 기회였다. 쉽턴은 우리에게 동경의 대상이었다. 마치 등산계의 대천사 가브리엘로부터 전보를 받은 것 같았다.

우리 중 누구든 두 명이라지만, 누가 갈 것인가? 쉽턴의 제안을 받고 우리가 보인 반응을 보면 그도 굉장히 놀랐을 것이다. 고산에 있는 호텔의 조용한 휴게실에서 심리전이 벌어졌다. 서로를 죽이지는 않았지만 그 전보는 서로를 감정적으로 공격하고 때로는 개별적으로 때로는 집단으로 이합집산하며 우리 모두를 냉혈한 이기주의자로 바꾸어 놓았다. 우리는 그 자리를 놓고 자정을 넘어서까지 서로 싸우며 앉아있었다. 이때까지 우리는 뉴질랜드 사람들이 으레 그렇듯, 눈에 띄는 리더가 없어도 서로 협동하는 팀으로 함께 노력하고 등반했다. 그렇지만 이번에는 초기에 많은 기획을 했고 그런 기획에 가장 유능했던 얼 리디포드가 쉽턴의 전보를 읽었다. 그러고 나서 그가 냉정한 표정으로 "음, 나는 당연히 가야 할 것 같고, 내일 아침까지 누가 나와 같이 갈지 결정할게."라고 말하자 모두 깜짝 놀랐다.

나는 그가 그런 말을 할 때 대놓고 이야기는 하지 못했지만 몹시 화가 났다. 에드먼드 카터도 무척 가고 싶어 했지만 논쟁에서 곧 순순히 물러섰다. 자신이 히말라야에서 몇 주를 더 보낼 식량과 장비를 준비할 돈이 없었기 때문이었다. 그 같은 문제라면 나도 빈털터리로 그와 같은 입장이었다. 나는 돈을 어떻게 구해야 할지 알지 못했지만 별로 중요하게 생각하지 않았다. 체력 면에서 보면 내가 가는 게 정당하다고 굳게 믿고 있었다.

힐러리가 선택되는 데는 두 가지 합리적인 이유가 있었다. 일단 그는 탐험을 연장하는 데 필요한 돈이 있었으며 힘이 좋았고 몸 상태가 최상이었다. 얼은 내가 보기에 몸이 나만큼 좋은 상태는 아니었지만 돈을 낼 형편은 되었다. 설전이 계속되었다. 새벽 두 시, 세 시, 네 시가 되었다. 우리는 자러 갔지만, 아무도 깊이 자지 못했다.

결국, 얼 리디포드와 힐러리가 그 기회를 잡는 것으로 결정되었다. 에드먼드 카터와 나는 질투심과 패배감, 실망감으로 고통스러웠다. 두 사람이 쉽턴과 합류하기 위해 국경으로 출발하는 것을 지켜보았다. 그들이 시야에서 사라지자 우리는 낙담한 모습으로 방에 돌아와서 짐과 배낭을 챙겨 봄베이로 가는 기차를 타러 갔다. 그곳에서 뉴질랜드로 오는 배를 탔는데 우리 둘 다 풀이 죽어있었다.

힐러리 덕분에 1년 후인 1952년에 나에게도 기회가 왔다. 그의 추천으로 쉽턴이 이끄는 초오유Cho Oyu(8,201m) 영국 원정대에 참가하게 되었다. 초오유는 세계 6위의 고봉으로 에베레스트에 인접한 무시무시한 산이었다. 초오유에는 열 명이 갔는데, 이듬해인 1953년 에베레스트 원정을 위한 어려운 훈련등반이었다.

힐러리와 친구로 지낸 오랜 시간을 돌이켜보면(나는 내가 진심으로 그의 가장 오랜 친구라고 생각한다.) 그는 항상 경쟁심이 강했다. 우리가 초오유 원정에서 네팔을 지나오는 길에 식량이 떨어진 채로 에베레스트 주변 90킬로미터를 탐사한 다음 도보로 인도에 돌아오는 그 긴 여정을 시작했을 때였다. 힐러리는 언제나 바나나를 무척 좋아했는데 강을 따라 인도 국경으로 오는 길에 바나나를 사려고 현지인들과 거래를 했다. 다른 먹을 게 거의 없어서 우리는 바나나를 얼마나 많이 먹을 수 있는지 경쟁하기 시작했다. 나는 하루에 거의 120개를 먹었고 힐러리는 134개까지 먹어치웠다. 인도 국경에 다다르자 바나나 값이 상당히 비쌌다. 힐러리는 기차에서 영국계 인도인 차장에게 "바나나Bananas의 적정 가격이 얼마인가요?"라고 물었다. 그 차장은 주머니에 손을 넣더니 기차 시간표를 꺼냈다. 그는 "베나레스Benares로 가는 기차 요금이 얼마냐고요?"라고 되물었다. 우리 모두는 폭소를 터뜨렸다.

쉽턴의 초오유 등반대원 열 명 가운데 최종적으로 다섯 명이 1953년 에베레스트 원정대에 선발되었다. 다섯 명 중 두 명이 뉴질랜드인, 즉 힐러리와 나였다. 나는 행운의 별에 감사했다. 그래도 그때까지 아마추어 사진작가였던 내가 에베레스트의 카메라맨 역할을 맡을 것이라고는 예상하지 못했다.

1951년 6월 2일 우리는 바드리나트Badrinath 지역으로 10일
동안 도보여행에 나섰다. 숲이 우거진 깊은 계곡을 횡단하고
높은 고개를 넘었다. 여기에서 히말라야의 닐칸타Nilkantha,
카메트Kamet, 난다데비Nanda Devi와 다른 산들을 제대로 볼 수
있었다. 그 산들은 정말 어마어마했다.

PORTFOLIO

산이 거기 있으니까

44page 뉴질랜드 태즈먼 빙하 근처의 몰트 브룬Malte Brun 산장에서 힐러리와 나(1951년 1월). 그곳에서 우리는 많은 등반을 함께했다.

45page 엘리 드 보몽(3,109m)의 깎아지른 사면. 매우 어려운 곳인데, 우리들의 목표는 가장 어렵다는 맥시밀리언 리지로 곧장 치고 올라가는 것이었다. 이 등반을 위해 산 밑에까지 접근하려고 며칠 동안 무거운 짐을 지고 높은 고개 세 개를 넘어야 했다.

46page 우리는 전형적인 뉴질랜드 방식으로 엘리 드 보몽을 등반했다. 며칠 동안 무거운 짐을 지고 외딴 계곡과 넓은 빙하를 지나 햇볕이 내리쬐고 비가 오는 길을 걷고, 암벽과 빙벽이 섞인 지대를 지난 다음 눈과 얼음의 가파른 사면을 올랐다.

47page 에드먼드 카터가 능선을 오르고 있다. 내가 이 사진을 찍는 동안 얼 리디포드와 힐러리가 아래쪽에서 참을성 있게 기다리고 있다.

48page 엘리 드 보몽 맥시밀리언 리지의 1951년 초등 사진.
리디포드가 앞장을 섰고 카터가 올라오는 동안 리디포드가 로프를
정리하고 있다.

49page 정상 능선에서 힐러리가 내가 있는 곳으로 올라오고 있다.
나는 피켈에 로프를 감아 확보를 해놓고 이 사진을 찍었다.

엘리 드 보몽에서 힐러리가 정상 능선을 향해
가파른 설사면을 횡단하고 있다. 뒤쪽으로 멀리
윔퍼Whymper 빙하가 보인다.

52page 1951년 6월 가르왈 히말라야의 6,760미터 봉우리 정상 바로 아래에서
힐러리가 쉬고 있다. 전인미답의 이 계곡에는 대략 12개의 거대한 봉우리가 있었는데,
7,242미터의 무쿠트파르바트 하나만 이름이 있었다. 눈과 바위가 섞여있는 이 산들은 거의
미답봉이었다.

53page 1951년 7월 에드먼드 힐러리가 무쿠트파르바트 절벽 아래에 설치된 2캠프를
향해 능선을 올라가고 있다.

리디포드와 카터가 2캠프와 3캠프 사이의 아이스 폴
지대를 벗어나고 있다. 이들 위쪽으로 우리의
주목표였던 무쿠트파르바트의 눈 덮인 서릉이 영화의
한 장면처럼 솟아올라 있다. 우리는 이들 바로 위쪽의
눈으로 된 작은 테라스에 3캠프를 설치했다.

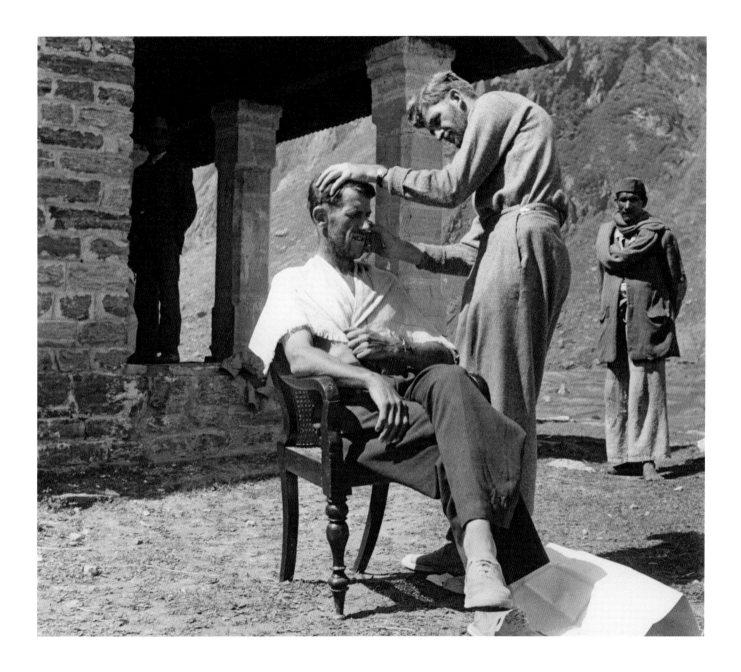

1951년의 위대한 히말라야 모험을 끝내고 티베트 국경 바로 인근 마을인 마나Mana에서 내가 힐러리에게 꼭 필요했던 이발을 해주고 있다. 새로운 봉우리 일곱 개를 등정한 매우 성공적인 여행을 마치고 라니케트에 돌아온 우리는 2차 세계대전 후 처음으로 네팔 쪽에서 에베레스트를 공략하려는 최초의 원정에 우리 중 두 명을 초대한다는 에릭 쉽턴의 초청장을 받았다.

1952년 원정의 카라반 중에 찍은 사진이다.
3월이었는데 힐러리가 우산 그늘 밑에서 파자마
차림의 편안한 자세로 『셜록 홈즈의 모험』을 읽고
있다. 왼쪽에서 에릭 쉽턴이 쳐다보고 있다.

58-59page 1951년 에베레스트
정찰등반 때는 날씨가 더웠다.
쉽턴, 마이클 워드Michael Ward와
빌 머레이Bill Murray가 카라반 중에
우산을 쓰고 아룬Arun 강의 시원한
물속에서 몸을 식히고 있다.

60-61page 1951년의 정찰등반은
웨스턴 쿰 바로 아래의 거대한
크레바스로 인해 좌절되었다. 첫 번째
사진에는 쉽턴, 워드와 셰르파 파상이
보이지만, 다음 사진에는 쉽턴이 보이지
않는다. 그들 위쪽으로 보이는 빙벽
꼭대기에 거의 다 올라갔을 때 위쪽
사면에서 눈사태가 났다. 빌 머레이는
자신이 여태까지 본 크레바스 중 그것이
가장 컸다고 말했다. 그 크레바스의
한 지점의 폭은 빙하지대를 거의 둘로
갈라놓은 듯 90미터에 달했다. 그들은
훗날을 기약하면서 물러섰다.

62-63page 에드먼드 힐러리 덕분에
이듬해인 1952년 나는 히말라야로
갈 기회를 얻었다. 쉽턴의 영국 초오유
원정대에 초대받은 것이다. 초오유는
에베레스트에 인접한 거대한 산으로
세계 6위의 고봉이다. 우리는 초오유를
북서쪽에서 올라갈 수 있는지 정찰등반
했다. 식량 보급선이 너무 멀어서,
힐러리와 나는 가까스로 6,830미터까지
올라갔지만 위험한 빙벽 앞에서
돌아섰다. 쉽턴은 아무도 가본 적이 없는
초오유 동쪽의 눕 라Nup La를 넘어가면
어떨지 우리에게 물었다. 우리는 주저
없이 동의했다.

64page 눕 라의 아이스 폴은 어마어마했다.
6킬로미터를 가는 데 6일이 걸렸다. 우리가
해본 등반 가운데 그 경험이 힘들었지만
만족스러우면서도 가장 신나는 등반이었던
것 같다.

65page, first 1952년 6월 우리는 히말라야의
네팔 국경선을 넘어 티베트 쪽 빙하로 가서
에베레스트의 북면을 몰래 정찰해보았다. 우리의
셰르파 앙 푸타Ang Puta와 타쉬 푸타Tashi
Puta, 앙계Angye 세 명이 눕 라 꼭대기에
서 있다. 우리 모두에게 짜릿한 시간이었다.

65page, second 우리는 무거운 짐을 지고
히든 크레바스의 미로를 건너가야 했다. 한번은
힐러리가 40미터를 추락해 로프에 매달리기도
했다. 그는 발 디딜 곳을 깎으며 크레바스 위의
안전한 곳까지 올라와야 했다.

롱북Rongbuk 빙하에서.
위풍당당한 에베레스트가 실구름이 낀 하늘을 배경으로
높이 솟아 있다. 등반 시작지점까지 빙하가 빛나는 길과
같이 휘감아 올라간다. 우리는 옆쪽 능선을 돌아 중간까지
가는 데 성공했고 그런 다음 컬러 슬라이드 필름 한 통을
찍었는데 그 중 하나가 이 사진이다.

우리의 다음 탐험지는 바룬Barun 빙하로 가는 것이었다. 바룬 빙하는 에베레스트와 마칼루 사이의
탐험되지 않은 빙하였다. 마칼루(8,465m)는 세계 5위의 고봉으로 그때까지는 미답봉이었다. 바룬
빙하 상부에서 티베트를 내려다보면 에베레스트를 둘러싼 가장 높은 고개 모두를 내려다볼 수 있다.
힐러리와 나(가운데)는 쉽턴(왼쪽), 찰스 에번스Charles Evans(오른쪽)와 함께 몸에 지닌 것에다
침낭 하나, 에어 매트리스 하나와 오리털 재킷 하나씩만 갖고 출발했다. 내 카메라에는 필름 몇 장만
남아있었다. 사실 나는 뉴질랜드에서 1주일 동안 돌아다닐 때보다 더 적은 분량의 필름밖에 없었다.

68page, first 쉽턴과 내가 에베레스트 남쪽을 정찰한 1952년 6월. 힐러리와 내가 6,430미터의 봉우리 정상에서 쉬고 있다.

68page, second 6월 초 힐러리(사진 속 인물)와 내가 롱북 빙하에 서서 에베레스트의 북면을 바라보고 있다. 삼각형 탑 모양의 가파른 북봉이 왼쪽에 보이고, 에베레스트가 중앙에, 오른쪽에 로체가 살짝 보인다.

69page 한 로프에 연결된 힐러리(앞)와 내(뒤)가 6,868미터 봉우리 정상에서 동쪽을 바라보고 있다. 우리들의 시선은 휘감기듯 솟구쳐오른 마칼루 정상을 향해 있고, 아래쪽 바룬 계곡에는 구름이 가득하다. 다음 날 무릎까지 차오르는 신설新雪로 허우적거리면서 돌아왔다. 히든 크레바스에 어깨까지 빠지기도 한 대체로 우울한 시간이었다. 몬순이 가까이 다가왔다. 우리는 수림지대까지 내려왔지만 진짜는 그때부터였다. 수많은 협곡과 빽빽해서 지나가기도 어려운 정글을 지나 바룬 빙하를 따라간 다음, 작은 강을 따라 아룬 강과 만나는 곳까지 거의 32킬로미터를 가야 했다. 이런 일들이 쉽턴에게는 삶의 원동력이었다. 그는 마지막 순간까지 이런 식으로 탐험하며 여행을 하는 것이 삶의 가장 큰 즐거움이라 생각했다.

70-71page 1951년 9월 30일 쉽턴과 힐러리는 푸모리의 가파른 능선을 6,100미터까지 간신히 올라가서 사진과 같은 굉장한 풍광을 보고 그동안의 고생에 대한 보답을 받았다. 왼쪽의 로 라Lho La 너머로 티베트 쪽의 북봉과 노스 콜, 에베레스트의 북서쪽 벽을 볼 수 있었다. 그들은 성능 좋은 쌍안경으로 과거에 에베레스트를 오르기 위해 도전해왔던 모든 루트들을 살펴볼 수 있었다. 구름을 뚫고 에베레스트가 자랑스럽게 솟아있다. 그 아래에는 거대한 아이스 폴이, 오른쪽에는 로체가 있었고, 그들이 서 있는 곳 바로 건너편에는 층층이 쌓인 거대한 얼음 덩어리인 눕체가 위용을 자랑하고 있었다. 그들은 웨스턴 쿰의 비밀스러운 계곡 안쪽을 들여다보다가, 사우스 콜로부터 이어져 올라가는 가능성 있는 루트를 찾을 수 있었다. 오른쪽 끝에 힐러리가 서 있다.

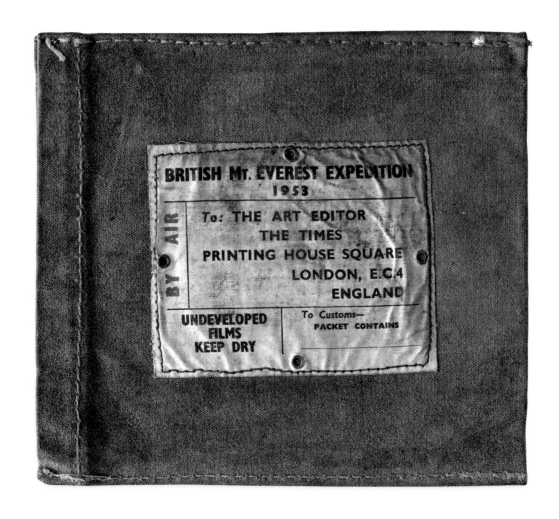

CHAPTER
2 | 에베레스트의 카메라맨

나는 아직도 그 엄청난 행위가 인간적이면서 용납될 만한 것이라고 생각한다.

그렇게 생각하는 이유를 분석하려고 하면 거짓말을 하게 된다.

그 행위가 대단하고 성공적이어서가 아니라, 그것이 오히려 그 행위를 한 사람을 포함해서

모든 사람에게 완벽한 무용지물이기 때문이다.

G.K. 체스터튼 G.K. Chesterton, 1908

● 나는 카메라맨으로서 내 능력이 아마추어 수준이라는 것을 숨기지 않았다. 우리나라나 외국에서 등반할 때 사진 찍는 것을 즐겼고 스스로 인화 현상印畵 現像 작업을 할 정도로 점점 관심을 갖기는 했으나, 열의나 능력 면에서 능숙한 아마추어의 수준에 머무르는 데 만족했다. 나는 흑백 스틸 사진을 주로 찍었는데, 이보다 거창한 영화 촬영용 카메라 사용의 경험도 없었고 그것을 써보고 싶은 열의도 별로 없었다. 1953년의 성공적인 에베레스트 원정으로 내가 촬영을 잘한다는 근거 없는 믿음이 사람들 사이에 조금씩 생겨나서 에베레스트 원정 2년 후, 나는 비비언 푹스가 대장을 맡던 영연방 남극횡단 원정이라는 거대한 프로젝트에 공식 카메라맨으로 임명되었다. 나에게는 이 두 원정이 원정대 카메라맨이라는 새로운 직업으로 전환하기 위한 예기치 못한 수련 기간이 되었던 것이다.

그 당시 대규模 히말라야 원정에서는 시간이 갈수록 촬영된 분량이 점차 적어지다가 본격적인 등정을 시도할 무렵이 되면 거의 중단되는 특징이 눈에 띄었다. 거의 모든 원정대가 본격적인 등반을 위한 진입 과정에서 그들이 도전하는 산 아래쪽 사면들의 다양하고 멋진 스냅사진들만을 찍어서 보여주었다. 특히 에베레스트에서는 등정이라는 1차적인 목표를 위해 언제나 카메라와 카메라맨을 위한 배려나 별도의 편의 도모 등은 고려되지 않았다.

에베레스트에서 우리 팀은 셰르파를 빼고 13명이었다. 존 헌트의 지휘하에 있는 대원은 나를 포함해 10명이었고, 별도의 전문적인 임무를 맡은 사람은 의사와 생리학자와 영화 촬영가 톰 스토바트Tom Stobart 3명이었다. 우리의 목표는 역사상 처음으로 에베레스트 정상에 두 사람이 안전하게 올라가게 하는 것이었다. 따라서 우리가 가져가는 짐의 아주 작은 무게와 산소 한 모금, 그들이 딛는 한 발과 팔다리의 움직임 하나하나가 중요한 변수로 여겨졌다.

나는 에베레스트 원정대원들을 이전에도 만났고 함께 등반한 경험도 있었지만 처음 보는 사람들도 여럿이었다. 하지만 그들에 대해 너무나 많은 이야기를 들어서 마치 오랜 친구를 만나는 것 같았다. 찰스 와일리Charles Wylie와 마이클 워드Michael Ward는 보자마자 친해졌는데, 나머지 사람들은 그들보다 훨씬 조용한 성품이었다. 윌프리드 노이스Wilfrid Noyce는 내성적인데다 말을 느리게 해서 나는 그가 상상력도 없고 감정을 잘 드러내지 않는 사람인 것 같다고 생각했다.(그가 상상력이 없다고 생각하다니… 내가 정말 바보였다. 그는 평범하거나 무미건조한 사람이 아니라 시인이었다.) 조지 밴드George Band는 우리 원정대의 막내였는데 덩치가 컸다. 그는 192센티미터의 키에 파나마 모자를 쓰고 다녀서 열정적인 선교사 같았고, 케임브리지 대학생으로서 당시 영국의 젊은 등산가 중에서 가장 뛰어나다는 평가를 받았다. 내가 잘 모르기도 하면서 가장 마지막으로 만난 사람이 바로 존 헌트였다. 그는 나에게 기대하는 바가 크다고 말하면서 상당히 따뜻하게 대해주었다. 개인적인 감정에 호소하는 그의 전략에는 어쩔 수가 없었다. 그가 딱딱하고 기계적인 아주 엄격한 영국군 대령이라는 말을 듣고 나는 깜짝 놀랐다. 첫날 아침 힐러리와 내가 텐트에서 나와 피켈로 군대식 제식훈련의 차렷 자세를 취해 보이는 애교에도 역시 그는 어떤 반응도 보이지 않았다.

카트만두에서부터 네팔의 계곡들을 건너서 에베레스트로 가는 17일 동안 산의 경치가 매일매일 변해가고 있다는 신선하고도 기분 좋은 경험을 할 수 있었다. 에베레스트 아래쪽에 있는 탱보체Tengboche 사원까지 270킬로미터를 걸을 때는 완연한 봄이어서 아몬드 나무의 꽃과 진달래꽃이 피어있었다. 화창한 날 아침에는 믿을 수 없을 정도로 높은 봉우리들이 하늘 높이 솟아있는 것이 보였다.

카라반 셋째 날 저녁 우리 세 사람은 먼 산에 구름이 말리듯 올라가는 것을 보기 위해 잠깐 산책을 나갔다. 존 헌트와 마이클 웨스트매컷Micheal Westmacott은 작은 그물을 가지고 나비를 쫓기 시작했다. 박

73page 촬영된 필름들을 내가 작은 캔버스 가방에 넣어 심부름꾼에게 주면 그는 그것을 들고 카트만두까지 달려갔다. 그러면 그곳에서 런던의 『더 타임스』 사무실로 발송하는 시스템이었다. 흑백필름은 그곳에서, 컬러필름은 후원사인 코닥과 일포드Ilford에서 현상되었다.

74page 우리는 비행기와 배와 기차를 타고 이동했고, 마지막에는 걸어서 1953년 3월 초 네팔의 수도 카트만두에 도착했다. 350명 정도 되는 포터들이 카트만두에서부터 우리와 함께 17일을 걸어 쿰부에 도착했다. 13톤 정도의 물자가 베이스캠프로 운반되었다.

물관에 보낼 나비를 채집하는 것 같았다. 그들이 그물을 손에 들고 가시덤불로 살금살금 걸어가는 것을 보자니 재미있었다. 강인한 산사람들이 괴짜 나비 채집가처럼 행동한다는 게 어울리지 않을 것 같았지만, 나도 곧 그들의 활동에 동참해서 함께 즐겁게 나비를 잡았다. 일몰 무렵이 되자 구름이 산 위로 밀려 올라갔고 석양에 봉우리들이 황금빛으로 물들었다. 큰 공동 텐트에서 저녁으로 카레 밥과 쇠고기 통조림, 삶은 감자와 완두콩을 먹었고 식후에는 밖으로 침낭을 갖고 나와 누워서 별과 행성을 찾아보았다.

3월 말 텡보체 사원에 도착했다. 그곳은 히말라야에서 가장 아름다운 장소 중 하나로, 라마승들이 지정해준 풀밭에 캠프를 설치했다. 성지를 둘러싼 산들은 모두 엄청나게 환상적인 모습이었다. 계곡 제일 위쪽에 에베레스트가 솟아있었는데 한 면은 선명하게 보이는 검은색이었고 다른 한 면은 눈 덮인 부분이 흰 선을 이루며 흘러 내려왔으며 구름도 끼어있었다. 어마어마하게 높아 정복할 수 없을 것 같아 보였다.

우리는 텡보체에서 세 팀으로 나눠 등반과 정찰도 하면서 고소에도 적응하고 개방형 산소 장비도 실험해볼 겸해서 캠프를 떠났다. 나는 텐징, 알프레드 그레고리Alfred Gregory와 함께 존 헌트의 팀으로 들어갔다. 1952년에 그레고리와 여행을 한 적이 있었는데 등반도 굉장히 잘 하고 사진도 잘 찍었다. 그때 매우 친해졌다. 이번 원정에서도 모든 스틸 사진을 정리하는 임무를 맡아주었고, 고도를 높여 갈 때에도 함께 촬영을 했다. 우리는 의도적으로 같은 사진을 찍곤 했는데, 만일 우리 둘 중 하나의 카메라에 담긴 필름이 잘못되거나 분실될 때를 대비해서 만반의 준비를 하자는 차원이었다. 나중에 런던에서 우리 사진을 섞어 놓으면 누가 찍은 사진인지 모를 거라고 서로 농담을 하곤 했다. 그레고리가 사진 분야에서 최고였기 때문에 나는 이런 말조차도 기분이 좋았다. 텐징은 당시에도 상당히 유명했다. 스위스 원정대에 참가해서 8,500미터까지 갔었고, 존 헌트는 처음부터 그를 등정 후보자 중의 한 사람으로 꼽고 있었다.

우리 팀은 임자Imja 계곡 위로 올라가서 빙하를 정찰하고 6,000미터 좀 안 되는 숨겨진 봉우리 하나를 올랐다. 5,460미터에 설치한 캠프에서부터 우리 모두 산소 장비를 처음으로 착용하고 사용해보았다. 한 세트의 무게는 16킬로그램이었고 사용법이 비교적 복잡했다. 나는 산소 사용의 장점이 무게의 단점을 극복할 수 있을 정도로 큰지 알아보고 싶었다. 5,460미터에 처음 올라가자마자 무기력해지고 두통이 왔다. 6,000미터까지 올라갈 엄두가 나지 않았다. 텐징과 함께 산소마스크를 쓰고 산소통의 충전량을 확인한 다음 스위치를 켰다. 각자 자연 상태에서보다 분당 3리터의 산소를 더 마시면서 함께 출발했다. 나는 헐떡이는 대신 깊고 고르게 숨 쉴 수 있었고 고소에 적응되지 않아 느꼈던 피로감도 느끼지 않고 걸을 수 있었다. 산소 장비가 실제로 효과가 있다는 것을 알고 정말 안심이 되었다.

숨 쉴 때마다 산소 장비의 조절 밸브가 쉿쉿 하고 산소마스크에 공기를 한 모금씩 보내는 소리가 작게 들렸다. 마스크의 조그만 밸브가 숨을 쉴 때마다 움직였고 기분이 정말 좋았다. 마스크와 튜브로 연결된 고글까지 착용하니 마치 텐징이 과학관의 진귀한 표본처럼 보였고, 나도 그렇게 보일 것 같았다.

25분 동안 150미터를 올라갔는데 갑자기 하늘에서 벼락이 내리치는듯한 폭발 소리가 났다. 나는 너무 놀라서 쓰러질 뻔했다. 텐징이 자기 산소 장비를 붙들고 있었다. 산소를 조절하는 밸브가 터진 것이었다. 나는 그의 산소 장비 밸브를 잠그고 산소 장비를 떼어냈는데, 우리 스스로 그 밸브를 고칠 수 없다는 것을 알았다. 텐징은 내려갔고 나는 계속 올라갔다.

나는 곧 그 사고를 잊어버리고 산소 장비가 힘을 북돋워주는 것에 경이감을 느끼기 시작했다. 산소가 정말 나의 힘을 북돋워주었는지 어떤지는 모르겠지만, 산소가 흘러들어오니 힘이 나고 리듬감이 느껴

77page 1953년 에베레스트 원정대의 카라반 첫날 모습이다. 뒷줄 왼쪽부터 오른쪽으로 스토바트Stobart, 퓨Pugh, 노이스Noyce와 에번스Evans가 있다. 가운데 줄에는 밴드Band, 워드Ward, 힐러리Hillary, 보딜런Bourdillon과 웨스트매컷Westmacott이 있다. 앞줄에는 그레고리Gregory, 로우Lowe, 헌트Hunt, 텐징Tenzing과 와일리Wylie가 앉아있다.

졌다. 산소통에서 작은 쉿쉿 소리가 났고 마스크가 얼굴을 추위로부터 보호해주었다. 습기가 마스크의 바깥쪽에 맺혔다가 땅으로 떨어지지 못하고 곧장 얼어붙었다.

분당 6리터로 산소 유입량을 늘리느라 멈추었을 때만 해도 눈앞의 바위 봉우리가 멀어 보였지만 놀랍게도 10분 만에 바위 꼭대기에 설 수 있었다. 분당 6리터의 산소를 마시니 평지를 달리는 것 같은 속도로 등반할 수 있었다. 잠시 앉아서 고속으로 유입되는 산소를 마시며 경치를 즐겼다. 돌아올 때는 산소 장비의 무게가 올라갈 때만큼 무겁다고 느끼지는 않았지만 산소를 아끼느라 산소 밸브를 잠가서인지 편안하지는 않았다. 헌트와 그레고리, 그리고 마지막으로 텐징이 새 산소 장비를 갖고 바위 꼭대기까지 거의 달리다시피 갔다 왔다. 6,000미터까지 오르는 데 한 시간 정도 걸렸다. 텐징은 50분 만에 해냈는데 그것은 평지에서도 빠른 등반 속도였다.

텐징은 체력이 아주 좋았다. 멋지게 움직였고 고소에 잘 적응되어 있었다. 그는 그때도 상당한 등반 경력의 유명인이었지만 그의 태도는 변함이 없었으며 누구와도 잘 지내는 좋은 동반자였다. 그의 유머 감각에는 전염성이 있었고 기분이 좋으면 요들송을 부르거나 함성을 지르고 싶어 했다. 영어를 조금 할 수 있어서 나에게 힌두스탄어와 티베트어를 가르쳐주었다. 자연스러운 우아함과 점잖은 예절을 갖춘 솔직 담백한 사람이기도 하지만 늘 꿈을 가진 사람이었다. 텐징은 나중에 에베레스트를 정복한 후 찾아온 명예의 부작용에 대해 당혹스러워하고 때로는 불쾌해하기도 했다. 종종 "'에베레스트를 오르지 않았더라면 어땠을까?'라는 생각을 해요."라고 슬픈 듯 말하곤 했는데 진심이었던 것 같다.

● 영화 촬영기사 톰 스토바트는 운이 없어서 약한 폐렴 기미를 보였다. 그래서 처음에 톰은 포터들이 자기 장비를 운반해주기를 바랐

다. 대여섯 대의 카메라와 고소에 올라갔을 때 그가 사용할 산소 장비였다. 그러나 그가 첫 번째 주요 등반 기점인 쿰부 아이스 폴에 도착할 무렵이 되자 톰을 대신해서 카메라를 들고 다니며 우리 등반대원들의 기록을 해줄 수 있는 대원이 없었기 때문에 그의 희망은 이루어지지 않았다. 아이스 폴은 통과하기 쉽지 않은, 우리 대원들이 전력을 다해야 하는 위험하고도 난이도 높은 등반 기술이 필요한 구간이었다. 이미 6,000미터까지 올라왔기 때문에 등반 사진의 중요성에도 불구하고 사진 촬영대원에 대한 배려가 이루어지지 않았다. 톰은 당연히 낙담했다. 6,000미터 이상에서 사진을 찍으려면 우리 등반대원 한두 명이 톰 대신 촬영을 해주어야 한다는 점이 확실해졌다.

곧 우리는 더 높은 곳으로 전진했다. 아래쪽에 있는 지원조의 임무는 피톤과 로프를 이용해서 로프를 고정하고 물자를 나르는 것이었다. 지원조는 긴장과 위험에 노출되어있는 선등자들을 위해 물자 운송의 부담을 줄여주는 역할도 해야 했다. 톰은 다른 사람들의 도움 없이 이 필수적인 구간을 넘어갈 수 없다는 것을 깨닫고 존 헌트에게 등반대원 중 누가 자기를 대신해서 촬영을 할 수 있는지 물어보았다. 그는 네 명의 등반대원 각자가 카메라를 한 대씩 갖고 가기를 바랐던 것 같은데, 나중에 알고 보니 나만 많은 관심을 보였다. 사실 나는 며칠 전부터 톰의 지도하에 카메라에 필름을 끼우고 사진 데이터를 기록하는 등의 사진기술을 배우면서 일손을 돕고 있었다. 나는 그가 무엇을 찍으려 했는지, 이런저런 사진에서 그가 어떤 노출을 사용했는지, 그가 셔터를 누를 때마다 사진을 찍으려고 했던 의도가 무엇인지 계속 물어봤다.

결국 내가 그의 카메라 장비 일부를 넘겨받게 되었고, 나는 그에게 "사진 찍을 때 가장 유념해야 할 점을 조언해주면 그대로 하겠습니다."라고 말했다. 톰은 즉시 자신이 굳게 믿는 두 가지 불문율을 전수해주었다. "먼저, 어떤 상황에서도 꼭 삼각대를 사용해. 그렇지 않으면 동영상이 너무 흔들려서 큰 화면으로 보면 대책이 없어. 그렇지만

78page, first 카라반 할 때 때때로 너무 더워서 반바지에 운동화면 충분했다. 이 사진에서 존 헌트가 거추장스러운 산소 장비와 마스크를 착용하고 익숙해지려고 노력하고 있다.

78page, second 숲에는 이리저리 비틀린 가지에서 진홍색으로 피어난 진달래꽃이 만발했고 나무에서 떨어진 진한 향기의 목련 꽃잎들로 덮인 길이 많았다.

78page, third 세르파족 어린이들이 텐트의 열린 문으로 안을 들여다보고 있다. 그 아이들에게는 우리 장비가 낯설어 보이고, 우리 외모는 더 낯설고 신기해 보였던 것 같다.

눈앞에서 정말 역동적인 동작이 전개되고 있다면 카메라의 흔들림이나 노출에 대해 걱정하지 말고 무조건 카메라를 갖다 대고 그냥 찍어. 찍은 게 충분히 역동적이라면 관객들은 기술적인 잘못은 전혀 신경 쓰지 않아."라고 말해주었다.

이같이 조언을 듣긴 했지만 사실 촬영을 잘해낼 자신은 별로 없었다. 톰은 예전에 런던의 냉동 창고에서 사진을 찍어본 경험으로 극한의 낮은 온도에서 촬영 카메라가 제대로 작동하지 않거나 완전히 멈춰버릴 수도 있다는 것을 알고 있었다. 우리는 모두 잘될 것이라는 믿음만이 우리 자신에게 해줄 수 있는 최상의 격려라는 점에 공감했다. 나는 카메라를 두 대 갖고 떠났다. 한 대는 내 소유의 코닥 레티나II였는데 여기에는 컬러필름(코닥크롬)을 넣었다. 다른 한 대는 톰의 영화 촬영용 소형 카메라 중 한 대였는데 여기에도 컬러필름이 채워져 있었다. 그것은 평범한 단 렌즈 벨 앤 호웰Bell-Howell 자동 촬영 카메라로, 그 시절 전 세계의 아마추어 카메라맨 수백만 명이 사용하고 있는 것이었다. 나는 두 대의 카메라에 줄을 매달아 밤낮으로 목에 걸고 다녔다.

영화 촬영용 카메라의 무게는 1.8킬로그램이고 필름 한 통에 227그램이었는데 나는 대개 한 번에 10통의 필름을 들고 다녔다. 등반 대원 한 사람당 지고 가는 짐의 일반적인 무게가 14~23킬로그램이었는데, 사우스 콜에 갔을 때 카메라 장비까지 해서 25킬로그램이 되었지만 지고 갈 만했다. 높이 올라가면서 무게 문제가 점점 심각해졌다. 쿰부 아이스 폴에서 서투르게나마 처음으로 촬영을 해보았다.(그날 영화 촬영용 카메라를 난생처음 만져보았다.) 우리가 웨스턴 쿰에 들어가고 나중에 로체 사면에 갔을 때만 해도 내가 등반조보다 앞서고 있었는데, 사우스 콜에서 정상을 향해 가게 되면서 추가된 짐의 무게 1그램 1그램조차 나에게 얼마나 신체적인 부담을 주는지 절실하게 느꼈다.

사실 에베레스트 등반은 그 자체가 장관이어서 굳이 멋진 사진을 찍으려 할 필요가 없다. 나는 대원들의 등반 모습과 한 발자국 한 발자국 올라가는 전체 과정, 로프를 고정하고 캠프와 물자 보관 텐트를 설치하는 단순한 장면을 두 개의 카메라에 기록하려 했다. 온도 문제가

곧 닥쳤다. 카메라 속도는 점점 느려졌고 언제 작동을 멈출지 알 수 없었다.

나는 곧 몹시 추운 환경에서도 카메라를 작동시킬 비법을 찾아냈다. 어느 날 로체 사면으로 다가가고 있을 때 확실히 카메라가 느려진 것 같았다. 나는 도박을 해보기로 했다. 모두 알다시피 카메라에는 셔터 속도를 초당 16, 24, 32, 64프레임까지 조절하는 작은 버튼이 있다. 그날 저녁 나는 셔터 속도를 초당 32프레임으로 고정해두었고 곧 카메라 셔터 소리만 듣고도 정확한 셔터 속도를 파악하는 데 아주 익숙해졌다. 나중에 다른 원정에서는 가끔 온도에 따라 초당 48프레임으로 응용하기도 했는데, 그것은 어떠한 경우에도 모두 대략 24 프레임으로 촬영한 것처럼 나오도록 하기 위해서였다.

나에게도, 에베레스트에게도 운이 좋았는지 그 도박이 효과가 있었다. 이 묘책 외에는 밤에 카메라를 따뜻하게 하려고 내 조끼 안에 넣고 잔 것 말고 모두 원칙대로 관리하였다. 그렇지만 왜 셔터 조절버튼을 정상보다 높게 설정해두어야 촬영이 잘되는지에 대해 의문점이 있기는 했는데, 천우신조로 차가운 공기가 기계의 작동을 정상 속도 부근까지 늦췄기 때문일 것으로 짐작하고만 있다.

이 묘책을 사용할 필요가 없는 따뜻한 날에도 촬영 효과가 놀랍도록 성공적이어서 에베레스트 영화를 볼 때마다 생생한 느낌이 들었다. 로체 사면에서는 운이 좋아 셰르파가 얼음에 발 디딜 곳을 깎는 독특한 영상을 얻을 수 있었다. 고도가 이렇게 높으면 희박해진 공기 때문에 신체의 움직임이 모두 느려진다. 작업하는 모든 동작, 즉 팔과 다리의 모든 움직임이 느려진다. 등산가는 정상 속도로 움직이고 있다고 생각할 수 있겠지만, 그것은 환상이다. 환상을 갖는 것도 매우 위험한 징조인데 신체적, 정신적 의사결정 과정이 느려지고 움직이는 사람이 그 사실을 인식하고 있지 못하면 발을 헛디디는 치명적인 사고를 당할 확률이 굉장히 높아지기 때문이다.

셰르파는 동영상에서 멋지고, 우아하게, 그리고 에베레스트에서 수행된 동작의 특징이 잘 보이도록 느린 속도로 자기 발 디딜 곳을

깎았다. 사실 이 장면은 내가 셔터 속도를 너무 빠르게 잘못 설정해두고 그의 동작 전체를 촬영하는 바람에 본의 아니게 그 동작이 엄청나게 실감나도록 강조되어 버린 것이다. 런던을 시작으로 순회하는 도시마다 온갖 찬사를 받는 동안, 특히 영화의 이 부분에 대한 극찬을 들을 때면 가끔 미안하고 부끄럽다는 생각도 들었다. 그렇지만 내가 찍은 스틸사진과 동영상 가운데 쓸 수 있다고 판명된 촬영의 비율이 높아서 내가 자부심을 느낀 점 또한 부인할 수 없다. 마침내 나는 나 자신이 진짜 사진작가라는 생각도 해보았다.

나는 종종 에베레스트와 남극 두 곳의 원정 가운데 어떤 것이 더 즐거웠느냐는 질문을 받는다. 두 원정이 너무 달라서 이 질문에는 대답하기 어렵다. 시간상으로는 에베레스트가 더 짧았지만, 우리는 석 달 동안 우리가 가진 에너지의 마지막 한 방울까지 소진하면서 위로 올라갔고 두 사람을 정상에 올리려 노력했다. 남극 횡단 원정은 3년이나 걸렸고 16명의 대원들이 평평하고 단조로운 극지를 횡단하는 데 강인하고 꾸준한 끈기가 필요했다.

● 4월 초순 힐러리와 나, 조지 밴드, 가끔은 마이클 웨스트매컷, 이렇게 네 명이 정상을 공격하게 되었다. 웨스턴 쿰이라고 불리는 곳의 절벽 위 계곡에서 흘러내려오는 빙벽을 공략 중이었다. 베이스캠프에서부터 쿰부 빙하를 넘어 웨스턴 쿰까지 교대로 여러 개의 캠프와 보급품 텐트를 설치한 다음 돌아와 쉬면서 회복하는 동안, 다른 한 팀은 더 높은 곳으로 폐쇄형 산소 장비를 착용하고 가서 정찰을 했다. 산소 장비를 착용하고 정찰했던 팀에서 산소 발생장치가 과열되어 돌아왔다. 이걸 보고 찰스 에번스가 이런 말을 했다. "사우스 콜에 산소 없이 가는 게 불가능하다는 걸 확인했습니다. 이번 정찰의 목표 중 하나는 산소 장비를 착용하고 웨스턴 쿰까지 가보려고 한 것이었습니다."

힐러리와 텐징은 낮은 고도에서도 산소 장비를 사용하는 게 유익한지 확인하기 위해 개방형 산소 장비도 적극적으로 테스트 해볼 계획을 세웠다. 5월 2일 새벽 그들은 베이스캠프를 떠나 전진 캠프인 4캠

프로 올라갔다. 그들은 엄청난 폭풍을 뚫고 그날 오후에 돌아왔는데 지쳤지만 기진맥진하지는 않았다. 그들이 산소 없이 갔었다면 어떻게 되었을까. 힐러리는 자기 장비를 획 흔들며 "이거 엄청나게 끝내줘!"라고 큰 소리로 장담했다.

다음은 그들의 시간 기록이다. 오전 6시 30분 5,460미터 베이스캠프 출발. 오전 8시 5,910미터 2캠프 도착. 오전 8시 50분 6,160미터 3캠프 도착. 10시 50분 6,460미터 4캠프 도착. 이것은 굉장한 속도였다. 우리의 원래 계획은 첫째 날 2캠프까지 세 시간, 다음 날 3캠프까지 두 시간, 셋째 날에 세 시간이나 그 이상 올라가 4캠프에서 쉬는 것이었다. 힐러리와 텐징이 가장 몸 상태가 좋고 원기 왕성했으며, 물론 이 놀라운 속도 덕분에 잘 어울리는 파트너로서 돋보이게 되었다. 텐징의 등반은 존 헌트의 구상과 잘 맞아떨어졌다. 그는 2인조, 즉 동양인 셰르파 한 명과 서양인 등반대원 한 명으로 구성된 두 명이 정상에 함께 오르는 그림을 그렸었다.

고도를 높여 가면서 존은 정상 공격조를 위한 구체적인 계획을 다듬었고, 나는 힐러리와 정상에 함께 갈 기회를 얻기 어렵다는 것을 확실히 알게 되었지만 어떤 질투심도 들지 않았다. 할 일이 너무 많아서 흥분과 피로 말고는 다른 것을 느낄 겨를도 없었지만 정상까지 아직 너무 많이 남아 있기도 했다.

5캠프에서 사우스 콜로 이어지는 얼어붙은 로체 사면을 오르는 일이 가장 큰 과제로 남아있었다. 처음에는 이 사면을 너무 만만하게 봐서 이삼 일이면 충분히 올라가 6캠프를 설치하고, 빙하의 움푹 들어간 곳까지 쉽게 오를 수 있을 것으로 생각했다. 지도상으로는 간단해 보였다. 사실, 로체 사면에 루트를 개척하는 것은 너무 힘든 일이어서 정상 공격조가 이 벽을 개척하는 데 투입되면 지쳐버릴 위험이 있었다. 그래서 바로 여기를 돌파할 팀으로 내가 투입되었다. 나는 마이클 웨스트매컷, 조지 밴드와 함께 산소도 없이 정상 공격조를 위한 루트를 만들어야 했다.

우리가 로체 사면으로 출발하고 얼마 되지 않아 눈이 내리기 시

작했다. 마이클과 조지는 고소증으로 고생하고 있었으므로 나 혼자 로체 사면의 루트 개척을 이끌어야 했다. 셰르파 앙 니마Ang Nyima가 나와 함께 갔다. 5캠프부터는 내가 경험한 가장 가파른 바위와 얼음 구간이었다. 로체 사면을 따라가니 빙벽과 얼음이 불룩 튀어나온 부분들이 있었고, 오후 3시쯤 굉장히 가파른 절벽 밑에 도착할 수 있었다. 마침내 우리는 조그만 바위 테라스에 텐트를 치고 6캠프라고 불렀다. 셰르파 세 명이 우리를 뒤따라 올라와서 짐을 내려놓고 5캠프로 돌아갔다.

우리는 긴 구간 전부에 고정로프를 설치했는데 그 경사가 60도를 훨씬 넘었다. 나는 스틸 카메라와 영화 촬영용 카메라로 그 과정을 촬영하려고 애쓰는 것만으로도 너무 힘들었다. 니마와 단둘이서 온몸 여기저기에 붙어있는 얼음을 떼어버릴 겨를도 없이 갖은 고생을 했다. 몸을 앞으로 거의 반을 구부린 상태로 7,620미터까지 정말 힘들게 거의 모든 구간에 발 디딜 곳을 깎았다. 이 작업은 힘들기도 했지만 정신적으로도 많은 고통을 안겨주었다. 눈이 계속 내리는 바람에 루트가 덮여서 보이지 않았고 바람은 내 몸을 물어뜯을 듯 흔들어댔다. 나는 종종 휴식과 안전을 위해 눈을 헤치고 텐트로 돌아왔는데 여기까지가 에베레스트 공격의 마지막 최전선이 되지 않을까 하는 불길한 느낌을 지울 수 없었다.

10일 정도 지나자 더 이상 작업을 할 수 없을 정도로 지쳐서 다른 사람들이 나를 지원하기 위해 올라왔다. 나는 여전히 이 정도에서 우리의 등반이 실패하는 것 아닌가 하는 기분이 들었다. 사우스 콜까지 가기로 했는데 아직 시작도 못 했다. 로체 사면이 얼마나 힘든지에 대해 과소평가했다는 생각이 들었다. 다른 사람들이 나의 루트 개척 노력을 존경한다고 말하는 것을 들으니 당황스러웠다. 존 헌트는 나중에 친절하게도 내 작업이 엄청났다고 설명해주었지만, 그때 나의 마음은 공허함과 나약함 그 자체였다. 그러나 다시 등반의 기회가 온다면 이런 마음을 떨쳐버리겠다고 결심했다.

이러한 좌절과 지연을 겪고 난 존은 과감한 결정을 내렸다. 윌프리드 노이스와 아눌루Annullu에게 산소를 갖고 곧장 사우스 콜까지 가도록 했다. 그들은 5월 21일 내가 하산할 때 사우스 콜에 도착해서 8캠프를 설치했다. 많은 물자를 날랐고 오랫동안 기다려온 정상 공격의 길이 열렸다.

그 다음에 일어난 일들을 집으로 편지를 보냈는데, 그 편지가 에베레스트에서 석 달 동안 보낸 커다란 편지 꾸러미 속에 남아있었다. 가족들이 나를 위해 그 편지들을 소중하게 보관하고 있었다는 것을 알았을 때 정말 기뻤다. 그 편지들은 수많은 시간들이 지난 지금 내가 해줄 수 있는 어떠한 설명보다 더 생생하게 에베레스트에서 보낸 우리들의 시간을 설명해주고 있다.

● 5월 22일 많은 물자가 사우스 콜까지 운반되자 존 헌트는 정상 공격 계획을 실행에 옮기기로 마음먹었으며, 대원들은 폐쇄형 산소 장비를 점검했다. 톰 보딜런과 찰스 에번스는 산소 장비에 침구를 매달고 그날 오후에 출발했다. 그들의 짐 꾸러미에는 여분의 산소 발생장치와 스패너가 삐죽 튀어나와 있었는데 모두 합해 23킬로그램이었다. 존 헌트도 그들을 지원하고 위급상황에 대비하기 위해 개방형 산소 장비를 가지고 그들과 함께 올라갔다. 특별히 선발된 셰르파 두 명, 다 남길Da Namgyl과 발루Balu도 톰과 찰스가 늦게 하산할 경우 혹시 있을지 모르는 위급상황에 대비해 물자 보관과 쉼터로 사용할 텐트와 산소를 사우스 콜까지 올려놓으려고 올라갔다. 만일 이 텐트와 산소가 사용되지 않으면 2차 공격조(힐러리와 텐징)가 사용하게 되고, 그레고리와 선발된 셰르파 세 명은 2차 공격조를 지원하기 위해 능선 위에 9캠프(능선 캠프Ridge Camp)를 설치할 것이다.

이 무렵 내 이야기가 다시 등장했다. 원래 9캠프 설치계획에 내가 포함되어 있지 않았지만 나는 정말 사우스 콜에 가고 싶었다. 힐러

인도 공군이 찍은 사진에 에베레스트 정상으로 이어지는 루트가 표시되어 있다. 거대한 세 개의 산군, 즉 에베레스트, 로체, 눕체가 능선으로 연결되어, 맬러리가 웨스턴 쿰이라고 이름 붙인 분지를 둘러싸고 있다. 사우스 콜까지 로체 사면을 오른 다음 왼쪽으로 방향을 트는 것이 공격 루트였다. 5,460미터의 베이스캠프부터 8,500미터의 최종 캠프(9캠프)까지 모두 9개의 캠프가 설치되었다.

리와 텐징은 셰르파 한 명과 사우스 콜로 출발했고, 이들이 사우스 콜에 도착하게 되면 피로회복을 위해 계획보다 하루를 더 쉬도록 했다. 그래서 나는 사우스 콜에 약간의 식량과 산소가 더 필요하다고 주장했다. 드디어 나는 그레고리와 이미 선발된 셰르파 세 명과 함께 힐러리와 텐징을 지원하기 위해 사우스 콜까지 가도록 임무를 부여받았다. 5월 23일 나는 고장 난 산소통을 수리하기 위해 미친 사람처럼 뛰어다녔다. 마침내 산소 유입 파이프 중의 하나를 잘라 묶어서 산소가 새는 것을 고칠 수 있었다. 톰과 찰스와 존은 그날 7캠프까지 올라갔다.

5월 24일 톰과 찰스, 존과 셰르파 두 명이 7캠프 위 사우스 콜까지 루트 작업을 했다. 우리는 그들을 망원경으로 볼 수 있었다. 지루한 일곱 시간이 흐른 뒤 그들은 아주 지칠 대로 지쳐 밤늦게 캠프에 돌아왔다. 그레고리와 나는 우리 셰르파와 함께 5캠프로 가서 그곳에서 밤을 보냈다. 추운 밤이었다. 새벽 5시에 온도계가 섭씨 영하 27도를 가리켰다.

다음 날 톰과 찰스는 남봉까지 등반하기로 했다. 폐쇄형 산소 장비를 사용하여 가능하다면 정상까지 공략할 계획이었다. 하지만 바람도 불고 전날의 피로가 풀리지 않아서 사우스 콜에 머물렀다. 한편 그레고리와 나는 산소를 사용하면서 6캠프를 떠났다.(분당 2리터였다.) 우리는 정상적으로 운행을 했다. 나는 6캠프에서부터 분당 4리터로 바꾼 다음 7캠프로 가기 위해 어려운 로체 사면을 올랐다.

7캠프 위부터 내가 비틀거리기 시작했다. 걱정이 된 나는 실패하고 있다고 생각했다. 그러나 나중에 알고 보니 갑자기 산소 장비가 작동을 멈춘 데다 마스크까지 하고 있으니 오히려 바깥공기마저 들이마실 수 없었기 때문이었다. 7캠프 가는 길이 나에게는 거의 지옥 같았다. 회복을 위해서 눈 위에 두 시간을 누워 있기도 했다. 우리는 7캠프에서 산소 장비의 문제점을 점검해보았고 다행히 다음 날 산소 장비는 잘 작동되었다. 힐러리와 텐징은 그날 7캠프에서 9캠프까지 갔다 왔는데도 몸 상태가 아주 좋았다.

그 며칠 동안 에베레스트에는 구름 기둥이 몰려다녔지만 날씨는 매우 안정되어 있었고, (인도 라디오의) 기상 예보는 "기온이 따뜻하고 바람이 초속 7~10미터로 불고 안정된 날씨이다. 몬순은 아직 안다만 해Andaman Sea에 있다."라고 전했다. 7캠프(대략 7,310미터)는 그날 밤 고요했다. (기온: 섭씨 영하 28도)

5월 26일이었다. 우리는 오전 8시 45분에 출발했는데 몸 상태는 사우스 콜까지의 등반에 문제가 없을 정도로 좋았다. 나는 등반의 많은 부분을 촬영했고 기분이 정말 좋았다. 등반은 로체 사면 빙하 상단 부근에서 시작됐다. 안전을 위해 크램폰을 착용하고 크레바스로 이루어진 사면을 300미터 정도 올라 왼쪽 바위지대 위쪽으로 횡단한 다음 사우스 콜로 가는, 거대한 설사면을 대각선으로 올라갔다. 사우스 콜까지 바로 올라갈 수는 없었다. "에페롱 드 제네바Éperon des Genevois", 즉 제네바 스퍼Geneva Spur라는 바위 돌출부가 여기에서 끝났다. 루트는 에페롱 바로 위쪽에서 연결되었다. 우리는 그 위에 올라간 다음 다시 100여 미터를 내려가서 사우스 콜(7,925m)까지 갈 수 있었다.

5월 26일 오후 1시경 제네바 스퍼 위쪽의 바위와 눈으로 이루어진 구간을 횡단하기 시작했다. 에베레스트 남봉이 시야에 들어왔다. (남봉은 아름다운 눈으로 덮인 봉우리로, 믿을 수 없을 만큼 가팔라 보인다.) 그때 정상 눈처마 60미터 아래 설사면에 마치 벽에 붙은 파리처럼 두 개의 검은 점이 보였다. 우리는 톰과 찰스가 꾸준히 올라가 남봉(8,750m)을 넘어선 것을 보고 그들이 정상을 향해 올라가고 있다고 생각하며 기뻐 어쩔 줄 몰랐다. 그들은 이제 역사상 가장 높은 곳에 있었고 보기에도 매우 빠른 속도로 가는 것 같았다. 그들은 아침에 사우스 콜을 출발해서 다섯 시간 반 만에 남봉 꼭대기에 다다른 것이다. 존은 다 남길과 함께 톰과 찰스보다 앞서 8캠프를 출발해서(둘 다 개방형 산소 장비를 사용했다.) 능선 캠프를 향해 갔지만 폐쇄형 산소 장비를 사용하던 톰과 찰스가 쉽게 두 사람을 앞질렀다. 아주 높은 고도에서는 폐쇄형 산소 장비가 개방형 산소 장비보다 훨씬 유용했다. 세르파 발루는 사우스 콜에서 더 올라가지 않았다.

　　그레고리와 나는 톰과 찰스를 보고 너무 신이 나서 사우스 콜 캠프(8캠프)로 달려내려가 힐러리와 텐징에게 그 소식을 소리쳐 알렸다. 힐러리는 큰 함성을 지르며 돔 텐트에서 나왔다가 다시 텐트로 쑥 들어갔다. 그 모습이 이상해서 텐트 쪽으로 가보니 존이 굉장히 지쳐 누워 있었고 힐러리가 그에게 산소와 음료를 계속 권하고 있었다. 힐러리와 텐징은 우리보다 먼저 사우스 콜에 도착해 있었는데, 힐러리가 다 남길과 함께 능선으로 물자를 운반해 놓고 돌아오는 길에 우리를 만났다. 존과 다 남길은 8,336미터까지 올라갔다가 몹시 지쳐 돌아왔다. 존이 쓰러질 듯 비틀거리며 내려와서 힐러리가 그를 도우러 급히 올라갔다. 힐러리는 그를 어깨로 부축하고 30분 이상 산소마스크를 씌워주었다. (존은 8,336미터에서 산소가 다 떨어져 산소 없이 돌아왔다.) 다 남길은 손에 동상을 입었고 굉장히 지쳐 있었다. 존의 이 같은 도전은 존경받기에 충분했다. 불굴의 용기로 자신의 한계까지 갔다 온 것이다. 이런 모습은 그가 평소 우리들에게 보인 모습과 같은 것이었다.

　　사우스 콜에는 세 동의 텐트가 있었다. 피라미드형과 돔형, 미드형(mead: ㅁ형) 텐트였다. 각각 네 명, 두 명, 두 명이 사용했다. 피라미드형은 이전에 세르파들이 사용했던 것인데 상태가 아주 나빴다. 바닥은 갈가리 찢어지고 솔기는 터져 있었다. 바람 방향으로 10센티미터 이상 찢어진 곳이 있었는데 그곳으로 눈과 찬바람이 들어와서 굉장히 불편했다. 텐트는 노끈으로 아주 탱탱하게 당겨져 있었다. 사우스 콜에 엄청난 바람이 끊임없이 불어대는 바람에 우리가 돌아왔을 때는 노끈이 닳아 끊어지려 하고 있었다. 힐러리와 나는 그날 오후 몹시 춥고 바람이 몰아치는 가운데 밖에서 텐트를 수리하기 시작했다. 스위스 원정대가 남겨둔 튼튼한 노끈 한 묶음을 찾아 모든 노끈을 다시 교체하고 제일 크게 찢어진 곳은 돌로 눌러 바람에 펄럭이지 않도록 했다.

　　이러고 있을 때 구름에 둘러싸이는 남봉을 보고 톰과 찰스를 걱

정하기 시작했다. 그들도, 우리도 그들이 소지했던 폐쇄형 산소 장비가 어떤 경우든 고장이 나게 되면(고장을 일으키기 쉬운 많은 장식과 밸브, 튜브, 통들로 구성되어 있다.) 무사히 돌아오지 못하리라는 것을 알고 있었다. 톰은 한 번 마음먹으면 끝까지 하려는 성향이 너무 강해서 우리는 그의 열정이 상식을 벗어날 수 있다고 생각했다. 그렇지만 힐러리는 "대신 찰스가 아주 냉정하니까 톰을 잘 통제할 수 있을 거라고 생각해."라고 말했다.

　　이때쯤 능선 캠프를 만들기 위해 그레고리를 도와 짐을 나르도록 선발되었던 셰르파 세 명이 7캠프로부터 사우스 콜에 도착했다. 그들은 우리와 함께 출발했지만 우리보다 더 힘들게 천천히 걸어왔다. 그들에게 많은 기대를 갖고 있었기 때문에 그것을 보고 마음이 무거워졌다. 그들은 앙 템바Ang Temba와 펨바Pemba, 앙 니마Ang Nyima였다. 우리는 앙 템바가 가장 몸 상태가 좋을 것이라 생각했는데 그가 짐을(14킬로그램) 텐트 앞에 던진 다음 무릎을 풀썩 꿇고 10분 정도 기절하는 것을 보고 굉장히 놀랐다. 펨바는 굉장히 지쳤지만 앙 니마는 고소의 영향을 별로 받지 않은 듯 상태가 아주 괜찮아 보였다.

　　이때는 존도 회복되어서 톰과 찰스에 대해 걱정하기 시작했다. 그는 계속 능선을 쳐다보면서 그들의 귀환을 기다렸다. 오후가 지나가면서 모두 걱정하기 시작했다. 텐트를 고정하는 노끈을 마지막으로 교체할 무렵 쿨르와르[7] 상부에서 뭔가 움직이는 점들이 보였다. 그것은 그들이 남동릉에 도착했다는 것을 의미했다. 나는 구름에 가려질 때까지 그 광경을 지켜보다가 그들이 확실하다고 생각하고 다른 사람들에게 소리쳐 알렸다. 우리는 안도의 한숨을 내쉬었다.

　　그들이 쿨르와르를 내려오는 것을 지켜보는데 가슴이 조마조마했다. 너무 지쳤는지 한 걸음씩 조심스럽게 내려왔는데, 서로 몸을 묶고 있었고, 아래쪽으로 발을 디디려 할 때마다 넘어졌다. 그들은 미끄러지고 넘어지면서 로프 길이만큼씩 서로를 잡아주는 동작을 반복했다. 톰은 나중에 이때를 회상하며 "우리는 요요yo-yo처럼 내려왔지. 아

주 재미있었어!"라고 말했다.

힐러리와 나는 앞으로 나가 그들을 맞이했고, 나는 그들이 도착하는 것을 촬영했다. 그들은 폐쇄형 산소 장비를 착용한 채 코와 입과 턱을 덮는 마스크를 제외하면 몸 전체가 고드름으로 덮여있었다. 마스크와 연결된 산소 호스와 방한복에 얼음 덩어리들이 매달려있었고 평지를 움직이면서도 헐떡이고 힘들어했다.

그들은 남봉에서 얼마 올라가지 못했다. 불과 몇 미터 더 갔을 때 산소 발생장치 상태가 좋지 않아서 위험을 무릅쓰면서까지 계속 갈 수 없었다. 정상으로 가는 능선은 멀어 보였고(톰은 두세 시간으로, 찰스는 적어도 네 시간 이상 걸릴 것이라고 생각했다.) 눈처마와 발을 디디기 어려운 수직 바위가 있었다. 톰은 18장의 사진을 찍고 돌아내려왔다. 무게를 줄이기 위해서 남봉 바로 아래에 사우스 콜까지 오는 데 필요한 양의 산소만 남기고 두 개의 산소통을 버리고 왔다. 이 산소통이 며칠 후 힐러리와 텐징에게 결정적인 도움이 되었다.

그날 밤 힐러리와 텐징, 그레고리와 내가 피라미드형 텐트에서 잤고 앙 템바와 펨바, 앙 니마는 그보다 훨씬 작은 돔형 텐트에서 밤을 보냈다. 그날 밤은 모두에게 비참함 바로 그 자체였다. 바람은 사우스 콜 위로 드세게 불어닥쳤고 우레와 같은 소리를 내며 끊임없이 텐트를 잡아채고 강타했다. 그것은 사우스 콜의 저주였다. 우리의 영혼은 피폐하고 의기소침해졌다. 그 시간은 영원히 우리의 기억 속에 각인되었다. 우리는 사우스 콜을 잊지 못할 것이다. 그곳에서 우리는 인생에서 가장 비참한 며칠을 보냈다.

기온은 우모복을 완전히 갖춰 입고 따뜻한 침낭에 들어간 우리가 모두 추위에 떨 만큼 내려갔다.(우리는 고소화가 어는 것을 막기 위해 침낭에 넣고 잤다.) 나는 이렇게 비참해본 적이 없었다. 발은 얼고(약간 동상이 걸렸는데 낫고 있었다.) 무릎과 등은 텐트의 바람받이 방향 쪽으로 밀려나 차가웠다. 베개는 얼어붙은 눈으로 가득 찬 장비 자루여서 차갑고, 딱딱하고, 머리가 불편했다. 징말 괴로운 밤이었다.

하지만 그 뒤 사흘 동안 점점 상황이 더 악화되기만 했다.

5월 27일 새벽 4시 30분 능선 캠프까지 짐을 옮기기 위해 일찍 출발할 수 있으리라는 희망을 갖고 아침 식사를 준비하기 시작했다. 우리는 식욕이 왕성했다. 아침은 호사스러웠고 모두 충분히 먹었다. 메뉴가 기억난다. 비타 휘트Vita-Wheat 비스킷과 꿀, 비스킷에 얹은 정어리, 파인애플 두 통(총 네 통 중 두 통이었다.), 대형 소시지 조각(살라미나 생 베이컨 소시지였을 것이다.), 비스킷과 꿀과 호주 배 한 통이었다. 우리는 장갑을 낀 채 꿀을 바르면서 아침을 먹었는데 밥 먹는 것도 참 성가셨다.

오전 8시 바람이 시속 110~130킬로미터로 점점 세지면서 잦아들 기미를 보이지 않자 출발할 수 있으리라는 우리의 꿈은 점점 사라졌다. 종일 바람이 불었고 능선으로 올라갈 수 있을지가 의문스러웠다.

사우스 콜에 식량이 한정되어 있으므로 찰스와 톰이 내려가야 했다. 앙 템바 역시 너무 몸이 좋지 않아 짐을 질 수도 없고 해서 내려갔다. 존은 자신이 대장이니까 사우스 콜에서 정상 공략하는 것을 지켜보며 지원해야 한다고 생각했지만 결국 내려갔다. 누군가 앙 템바를 대신해 짐을 운반해야 했는데 내가 적합했다. 그래서 애초에 사우스 콜까지 갈 계획에 있지 않던 내가 이제 능선 캠프까지 짐 옮기는 것을 돕게 되었다.

앙 템바와 톰, 찰스, 존이 바람이 몰아치는 가운데 떠났다. 힐러리와 내가 그들을 도왔음에도 그들이 제네바 스퍼 꼭대기까지 가는 데(약 100미터) 거의 2시간이나 걸렸다. 그들은 너무나 체력이 떨어져 있었지만 제네바 스퍼 밑에 가서야 최악의 바람을 벗어나서 안전하게 아래로 내려갈 수 있었다. 결국 그들은 파란만장한 곡절을 겪으며 7캠프에 가서 월프리드 노이스와 마이크 워드의 도움을 받을 수 있었다. 5월 28일 그들은 다리를 절며 전진 캠프(4캠프)에 도착해서야 좋은 음식과 치료를 받으며 그들이 진정으로 원했던 휴식을 취할 수 있었다.

우리는 5월 27일 하루 종일 바람을 맞으며 밤이 오는 것을 걱정

87page 에번스와 보딜런이 남봉을 오른 다음 기진맥진해서 사우스 콜로 돌아왔다. 이날 이 둘은 지구상에서 가장 높이 오른 사람들이었다.

하고 있었다. 밤에는 어젯밤의 악몽이 되풀이되었다. 아침이 되자 다시 컨디션도 나빠지고 밥맛도 없고 해서 사기가 뚝 떨어졌다. 고맙게도 바람이 잦아들어 뻣뻣한 몸을 추스르며 등반 준비를 했다. 간단한 준비를 하는 데만 세 시간이 걸렸다. 갑자기 큰일이 벌어졌다. 펨바가 텐트 바닥에 토하면서 신음하더니 도저히 갈 수 없을 것 같다고 말했다. 이제 세르파는 앙 니마 한 명만 남았는데 우리에게는 최소한 세 명이 필요했다. 이 원정에서 가장 절망적인 순간이었다.

우리는 논의 끝에 대원 둘이서 셰르파 두 명의 짐을 나눠서 지기로 했다. 그 무게가 20킬로그램 정도 되었는데, 이 정도 고소에서라면 적절한 짐 무게가 7킬로그램 정도 된다고 생각되었기 때문에 헤라클레스나 들 수 있을 만한 것이었다.

그레고리와 앙 니마, 나는 오전 8시 45분에 떠났다. 힐러리와 텐징은 힘과 산소를 절약하기 위해 우리가 먼저 쿨르와르에 발 디딜 곳을 깎아 놓으면 한 시간 정도 뒤에 출발하기로 했다. 둔하게 옷을 껴입었고 짐도 잔뜩 져서 로봇처럼 터벅터벅 움직였다. 아주 천천히 꾸준하게 속도를 유지하면서 위쪽으로 올라갈 수 있었다. 바람은 거의 불지 않을 정도로 줄어들었다. 쿨르와르로 느릿느릿 올라가면서 나는 발디딜 곳을 깎기 시작했다. 8,000미터 높이에서 발 디딜 곳을 깎는 것은 천천히 가기를 연습하는 것과 같았다. 세 시간 걸려 능선으로 올라가서 스위스 원정대의 최종 캠프 ─ 텐트 한 동으로 이루어진 ─ 잔해를 보았다. 알루미늄 프레임에는 천 조각 하나 남아 있지 않았다.

우리는 짐을 내려놓고 굉장한 경치를 즐겼다. 로체와 마칼루는 장엄했다. 칸첸중가Kangchenjunga가 구름을 뚫고 솟아올라 있었다. 아래쪽에는 캉슝Kangshung과 카르타Kharta 빙하가 보이고 티베트의 갈색 산과 계곡이 그 너머로 펼쳐져 있었다. 나는 이상하게도 마치 평지에서 등반하는 것처럼 가볍게 쿨르와르로 올라가면서 경치를 즐겼다. 고소에서 즐거운 추억이라는 것은 있을 수 없다고 하는 글을 전에 읽은 적이 있었다. 그러나 나에게는 그렇지 않았다. 여기에서 힐러리와 텐징을

만났다. 그레고리는 지나칠 정도로 잘 따라오고 있었고 앙 니마도 그랬다. 앙 니마에게 조금만 더 올라가면 지금까지 그 어떤 셰르파보다도 가장 높은 곳까지 짐을 지고 올라가게 되는 것이라고 격려해주었다. 그는 정말 의욕에 넘쳤고 짐을 굉장히 잘 졌다.

여기에서 45미터쯤 더 올라가니 존이 가장 높이 올라갔던 남봉 아래에 도착했다. 그곳에서 돌돌 말린 텐트와 음식, RAF형 산소 발생기와 다른 남은 물건들을 발견했다. 우리는 이것들도 짐에 추가해야 했다. 힐러리는 텐트를, 그레고리는 RAF형 산소 발생기를, 나는 식량 남은 것과 그레고리의 짐 일부를 졌다. 그곳에서 출발할 때 배낭의 무게가 힐러리가 29킬로그램, 그레고리가 23킬로그램, 내가 23킬로그램, 앙 니마가 20킬로그램, 텐징이 19킬로그램이었다.

이곳에서부터 남동릉은 완만했다. 이리저리 부서진 바위조각들이 눈 덮인 능선까지 이어졌다. 내가 앞장섰는데 잘 다져지지 않고 무릎까지 빠지는 분설粉雪 때문에 힘들었다. 위로 등반하는 것은 고역이었으며 침통해지기도 하고 머리까지 멍해졌다. 우리가 어떻게 그런 무게를 지고 버텼는지 정말 모르겠다. 평평한 장소일 것이라 생각했던 곳까지 올라갔지만 그곳에는 텐트를 칠 수가 없었다. 올라가고 또 올라가기를 반복했다. 오후 2시 30분경 눈으로 된 능선 아래쪽에 넓지는 않지만 평평한 바위를 발견하고 그곳에 짐을 내려놓았다. 힐러리와 텐징이 자리를 정리했어도 텐트를 치기에는 너무 좁았다. 눈이 날리기 시작했다. 우리는 충분히 쉬지도 못하고 2분 만에 내일 아침 인사까지 미리 하자는 애정 어린 농담을 힐러리와 주고받으며 내려오기 시작했다. 9캠프, 즉 능선 캠프의 고도는 8,500미터로 추측되었다.

캠프로 돌아오는 일은 느리고도 힘들었다. 그레고리는 거의 쓰러질 듯하고 앙 니마도 굉장히 지쳤기 때문에 내가 또 쿨르와르에 발 디딜 곳을 깎아야 했다. 그레고리는 쿨르와르에서부터 50미터마다 쓰러지고 지쳐서 헉헉거렸다. 나 역시 극도로 지쳤지만 멈추지 않고 계속 갈 수 있었는데, 이상하게도 칸첸중가와 마칼루가 석양에 물드는 장엄

한 모습을 감상할 수 있을 정도로 충분한 정신력을 유지하고 있었다. 그 산들의 사진을 찍었다. 텐트에 도착하기도 전에 미리 로프를 풀었다. 펨바가 더운 음료를 만들어주었지만 다른 대원들에게 건네주고 영화 촬영용 카메라를 들고 비틀거리며 나왔다. 바위에 걸터앉아서 그레고리와 앙 니마의 도착 장면을 촬영했다. 이 장면이야말로 극도로 고생하고 있는 대원들의 생생한 현장을 보여줄 것으로 믿었다. 뜨거운 레모네이드 음료와 차 한 잔을 마시고 침낭에 들어갔지만 잠을 이루지 못했다. 그날 밤, 바람과 추위가 다시 찾아왔고 또 하룻밤의 끔찍한 시간을 보내야 했다.

마침내 5월 29일의 아침이 밝아왔다. 사우스 콜에도 바람이 세게 불었다. 사실 그곳은 항상 바람이 세찼다. 새벽 5시경 햇살이 텐트 꼭대기를 비추자 언제나처럼 텐트 벽면에 입김이 얼어붙어 응결된 서리가 물방울이 되어 우리에게 떨어졌다. 오전 8시에 우리는 힐러리와 텐징이 남봉의 마지막 사면을 올라가는 것을 보았다. 그들은 천천히 그러나 쉬지 않고 가고 있었다. 그레고리는 정상 공격조가 돌아올 때쯤이면 자신이 너무 지쳐서 아무 도움도 될 것 같지 않다면서 먼저 내려가기로 했다. 앙 니마와 펨바도 같이 내려가서 나 혼자 사우스 콜에 남아 힐러리와 텐징을 맞이하게 되었다. 오전 9시에 그들이 남봉을 넘어갔다. 나는 어쩐지 정상에 갈 것 같다는 느낌이 들었다. 수프를 끓이고 레모네이드를 데워 보온병 두 개에 가득 채웠다. 그리고 산소 장비를 세팅하여 산소마스크를 즉시 사용할 수 있게 해 놓고, 마치 부상자를 받을 준비를 하는 것처럼 침구도 펼쳐두었다.

밖에는 여분의 산소 장비와 두 개의 비상용 산소 발생장치를 보관하고 있었는데, 그것을 내가 가지고 올라가서 그들이 돌아오는 것을 도울 생각이었다. 오후 1시 그들이 남봉 꼭대기에 다시 나타났다. 그들은 눈에 푹푹 빠지면서 가파른 사면을 내려오기 시작했다. 나는 엄청나게 흥분해서 바쁘게 움직였다. 보온병을 배낭에 넣고 카메라(1.8킬로그램)를 목에 걸었다. 크램폰과 장갑을 착용하고 코, 얼굴, 입술에

는 바람으로부터 보호하기 위해 오일을 발랐으며 추가적인 보호를 위해 얼굴에 목도리를 하나 둘렀다.(나는 바람 때문에 얼굴에 심한 상처를 입었고 며칠 전에 약간 동상을 입어서 피부가 아주 쓰라렸다.) 그런 다음 산소 장비에 두 개의 비상용 산소 발생장치를 매달고 두 사람을 마중하러 떠났다. 캠프로부터 400미터 올라갔을 무렵 내가 기진맥진하기 시작했다. 짐을 너무 많이 짊어진 데다 신바람에 너무 빨리 움직였으며 너무 서두르느라고 산소도 마시지 않으면서 올라가고 있었던 것이다. 며칠 동안 고생을 해서인지 생각처럼 몸도 좋지 않았다. 고개를 들어보니 힐러리와 텐징이 상당히 빠른 속도로 꾸준히 내려오는 것이 보였는데 너무 멀리 있어서 실질적으로 도움을 줄 수도 없을 것 같아 다시 비틀비틀 텐트로 돌아왔다. 텐트 입구에서 그들을 기다렸다. 오후 2시 그들은 9캠프에 도착했고 오후 3시가 되자 다시 내려오기 시작했다.(그들은 레모네이드 한 잔을 끓여 마시고 침낭을 챙겨왔다.) 그들은 능선을 내려온 다음에도 속도를 늦추지 않고 쿨르와르를 내려오고 있었다.

오후 4시경 그들을 맞이하러 텐트를 나설 무렵 윌프리드 노이스와 파상 푸타르Pasang Phutar가 올라왔다. 존이 정상 공략조가 지쳤을 경우를 대비해서 그들을 맞이하고 돕기 위해 보낸 것이다. 그들은 큰 도움이 되었고 내가 텐트를 나서자마자 뜨거운 음료를 준비하기 시작했다.

나는 성하지도 않은 몸을 이끌고 다시 올라가 쿨르와르 하단에서 힐러리와 텐징을 만났다. 사우스 콜에서 150미터쯤 올라간 지점이었던 것 같다. 그들은 아주 빠르게 움직이고 있었다. 크램폰을 착용한 채 쿨르와르에서 걷는 모습이 약간 부자연스러운 것을 제외하고는 지친 기색이 없었다. 나는 바람을 등지고 쪼그리고 앉아 그들에게 보온병에 담아온 따뜻한 레모네이드 한 잔씩을 컵에 따라주었다. 힐러리는 마스크를 벗고 지친 듯한 표정으로 인사하더니 얼음 위에 주저앉아서 언제나처럼 아무렇지도 않은 듯 툭 하고 말을 던졌다. "음, 우리가 해치웠어!"

PORTFOLIO

에베레스트의 카메라맨

90page 페리체Pheriche에서
고소 셰르파들이 포터들로부터
짐을 넘겨받은 다음 출발하기
전에 풀밭에 모여있다. 뒤쪽에
보이는 캉테가Kangtega와
탐세르쿠Thamserku가 인상적이다.

91page 존 헌트는 물자의 조달이라는 어려운 임무를 빈틈없이
조직하고 감독했으며 잘해냈다. 원정대의 첫 번째 짐이 카트만두에서
5킬로미터 떨어진 탄코트Tankot에 도착했다. 이 짐은 배와 기차,
트럭에 이어 마지막으로 계곡에 설치된 로프에 실려 이곳으로
올라왔다. 짐을 정리하는 것도 어마어마한 작업이었다. 대부분의 짐이
영국에서 포장되었는데 473개나 되었다.

카트만두 바로 외곽에 있는
바드가온Bhadgaon으로부터 주 캠프가
있는 텡보체Tengboche까지 17일간
쉬지 않고 걸어야 했는데, 이때 우리는
고소적응을 했다. 동쪽으로 향하는 길은
아주 좁은 평지를 가로지르거나 깊은
계곡에 들어갔다가 물거품이 이는 강을
건너 머나먼 산으로 이어졌다.

94page 셰르파족 여자 포터 한 명이
호사스런 식량으로 가득한 귀중한 상자를
옮기고 있다. 우리는 각자 제일 좋아하는
기호식품을 가져왔다. 이 상자에는 박하
케이크, 초콜릿, 수프와 네스카페 커피,
깡통에 든 파인애플과 배, 야채무침용 소스,
체다 치즈, 정어리, 머스터드와 마마이트
여덟 병이 들어있다.

95page 텡보체 사원 근처 풀이 난 초원에
텐트를 치고 몇 주 동안 있었는데 주위에서
야크들이 평화롭게 풀을 뜯고 있었다. 위쪽
사진은 그곳의 불교 탑이다. 캠프 자리는
자작나무, 철쭉, 노간주나무와 양치류로
둘러싸여 있었고, 사방에는 얼음이 덮인
장엄한 산들이 하늘 높이 치솟아있었다. 어떤
날에는 아침에 약간의 눈이 텐트에 덮인 것을
볼 수 있었지만 따뜻한 햇볕에 곧 녹았다.

팡보체Pangboche 마을에서 쉬는 모습.
원정대원들이라기보다는 집시처럼 보인다. 앞줄 왼쪽이 노이스,
그 다음이 스토바트, 웃음을 짓고 있는 와일리와 상당히 거창한
모자를 쓴 웨스트매컷과 그의 오른쪽에 검은 수염을 기른 쾌활한
의사 워드가 보인다. 헌트는 노이스 뒤에, 밴드는 왕골로 만든
여름 모자를 쓰고 있으며 그의 뒤에 보딜런이 보인다.

텡보체 사원은 분명 히말라야에서 가장 아름다운 장소일
것이다. 3월 27일 여기에 도착해, 라마승들이 우리를 위해
지정해준 풀밭에 텐트를 쳤다. 주위가 모두 산이었고 바로
앞쪽에 에베레스트가 있었는데, 한쪽은 분명하게 보였지만 다른
쪽은 눈 기둥과 구름에 가려 잘 보이지 않았다. 이곳에서 보면
에베레스트가 어마어마하게 높은 철옹성처럼 보인다.

98page 텡보체의 고위 라마승 한 분이
우리에게 축복을 해주러 나왔다.

99page 이 어린 세르파들에게는 우리가
가져온 쌍안경만큼이나 우리의 출현 자체가
호기심거리였다.

100page 텡보체에서 텐트 전부를 처음 쳐보았는데, 20동이 모양과 색상, 크기가 모두 달랐다. 작은 것 세 동은 최종 캠프를 위한 것이었고, 주황색 텐트들은 전진 캠프(4캠프)와 그 위에서 사용할 것이었으며, 노란색 텐트는 웨스턴 쿰으로 들어갈 때까지 사용할 것이었다. 눈에 잘 띄는 스위스 텐트는 텐징이 임시로 사용할 것이고, 이보다 더 큰 두 개의 돔형 텐트 중 하나는 셰르파들이 쓰고 나머지 하나가 우리가 쓸 것이었다. 텐트촌 한쪽에 사와 툰둡Sawa Thundup이 주방 텐트를 세웠다. 그 옆에 우리의 영국 국기가 장대에 매달려있었다. 실수로 거꾸로 매달려있는 것이 보인다.

101page 한가한 텡보체의 아침식사시간. 산소 발생기 상자를 식탁으로 해서 박스 위에 둘러앉아 있다. 왼쪽에 헌트, 그의 뒤에 워드, 보딜런이 보이고, 힐러리가 우유를 따르고 있으며, 밴드, 노이스, 스토바트가 보인다. 헌트의 오른쪽에 내가 티베트 모자를 쓰고 있고, 그다음에 에번스와 웨스트매컷이 앉았다.

102-103page 1953년 4월 12일 베이스캠프 가는 길에 포터들이 짐을 지고 쿰부 빙하의 빙퇴석을 이리저리 가로질러 올라가고 있다.

104-105page 베이스캠프에서는 바쁘지 않아서 잠을 자고, 편지를 쓰고, 스리랑카 방송을 듣기도 하는 등 쉬고 회복하는 시간을 가졌다. 어느 날 오후 에번스가 친절하게도 내 머리를 보기 좋게 다듬어주고 있다. 이때 힐러리는 자신의 차례를 기다리면서 고향에서 보내온 선물 꾸러미에 들어있던 뉴질랜드 신문을 읽고 있었다.

베이스캠프는 주위가 뾰족뾰족한 빙탑들로
둘러있어서 캠프가 어디 있는지 미리 알지
못하면 찾아오기가 정말 어려운 곳이다. 이곳은
모든 등반이 시작되는 기점이고 편안한 곳은
아니지만 그래도 고소에서 돌아오는 팀들이
보기만 해도 마음이 편안해지는 곳이다.

108page 힐러리와 밴드, 내가 쿰부 아이스 폴 루트를 개척하기 위해 정찰을 나갔다. 고소 적응을 끝낸 사람들은 짐을 옮겼다. 내가 선두에 서고 조지는 뒤에 있다. 우리 앞에 거대한 빙벽들이 있다. 처음에는 그곳을 정말 오르지 못할 것만 같았다.

109page 톰 스토바트가 우리와 합류했다. 내가 그의 벨 호웰Bell-Howell 영화 촬영용 카메라를 갖고 촬영을 하고 있다. 그는 나에게 좋은 조언들을 해 주었는데, 등반 막바지에는 내가 고소 촬영의 임무를 맡았다.

110page 쿰부 아이스 폴은 정말 정 떨어지는 곳이었다. 450미터 위 2캠프로 가는 길은 흔들리는 얼음으로 가득한 혼란의 도가니였고, 정말 위험한 곳이었다.

111page 세르파들이 물자를 옮기고 있다. 2캠프 바로 위쪽 크레바스에 설치해둔 사다리를 건너고 있는 세르파의 모습.

아이스 폴 지대에서 우리와 함께 물자를
옮기는 힘든 하루를 시작하기 위해서
세르파들이 크램폰을 착용하고 있다.

114page 군용 식량이 든 상자에는 소비 예정일자를 표시해두었다. 요일마다 메뉴가 달랐다. 우리는 곧 목요일 메뉴가 제일 좋다는 것을 알게 되었다. 목요일 메뉴는 쇠고기 스튜와 깡통에 든 완두콩에 기름진 과일 케이크였다. 너무나 먹을 게 많았지만 그것부터 제일 먼저 먹어치웠다.

115page 조지 밴드가 무전기로 2캠프, 3캠프 대원들과 교신하고 있다. 지금은 구식 장비처럼 여겨지지만 작동이 잘 되었다. BBC 기상예보를 들을 수도 있었다. 베이스캠프에서는 자주 스리랑카 라디오 방송을 듣곤 했다. 어떤 날 밤에는 오페라에 하와이 음악이 나오기도 했다.

116-117page 아이스 폴 위쪽으로 3톤에 가까운 물자를 옮기기 위해 34명의 고소 포터를 고용했는데, 모두 고소 장비를 갖추었다. 등반 팀 중 한 명이 대원들을 안내해서 미로와 같은 얼음 빙탑들을 뚫고 올라갔다. 어려운 구간을 쉽게 이동하기 위해 로프와 사다리들을 설치했다.

118page, first 아이스 폴까지 짐을 옮기고 나면 안전한 베이스캠프로 내려와 달콤한 휴식을 취했다.

118page, second 나는 1952년 알프레드 그레고리와 초오유 등반을 같이해서 그를 잘 알았다. 에베레스트에서 우리가 찍은 사진들은 서로 겹치는 것이 많다. 마음에 드는 장면이나 등반 기록에 중요하다고 생각되는 것은 서로 중복해서 찍었다. 우리 중 한 사람이 카메라를 잃어버리거나 런던으로 가는 길에 필름이 분실될 경우를 대비하기 위해서였다.

119page 쿰부 아이스 폴은 거대한 얼음 덩어리들이 서로 엉켜 붙은 미로였는데, 이 얼음 덩어리들은 계속 움직이며 변형되었으며 우리의 조그만 베이스캠프 쪽으로 무너져내리기도 했다. 그 아이스 폴을 헤치고 나아가는 것은 위험한 일이었다. 대원들이 "지옥 불의 통로"라고 부른, 가파르면서도 얼음덩어리들이 군데군데 흩어져있는 구간에 다가가고 있다.

120-121page 세르파들은 고소 캠프로 물자를 나르는 일을 두려워하지 않았다. 특별히 까다로운 크레바스에는 통나무 두 개를 걸쳐서 다리로 사용했다.

122page 힐러리가 무거운 짐을 진 셰르파를 도와주고 있다.
아이스 폴 지대 중간에 2캠프를 설치했지만, 너무 불안정해서
나중에 포기했다. 여기에서 자는 것은 정말 무서웠다. 텐트
아래에서 얼음이 움직이고, 빙하가 쩍쩍 갈라지는 소리와
사정없이 아래로 흘러내리는 물소리가 들렸다. 셰르파들은
2캠프에서 밤을 지내느니 곧장 3캠프까지 가는 것을 선호했다.

123page 4월 23일 웨스턴 쿰 입구에 있는 3캠프에
첫 번째 텐트를 세웠다. 그곳은 얼음의 황무지에
세워진 조그만 전초기지였다. 웨스트매컷이 3킬로미터
정도 되는 거리에 철옹성같이 솟아오른 로체 사면을
올려다보고 있다. 정상에 오르기 위해서는 로체 사면의
루트 작업이 결정적이라는 것을 나중에 알게 되었다.

124page "호두까기 인형", "지옥 불의 통로", "핵폭탄"이라 불러온 위험한 구간들을 통과하고 난 다음 마지막으로 아이스 폴 상부에서 아주 가파른 빙벽을 만났다. 줄사다리를 설치해서 다른 사람들이 안전하게 우리와 합류할 수 있도록 했다.

125page 4월 30일 존 헌트가 3캠프와 4캠프 사이 구간에서 산소 장비를 착용하고 대원들의 앞장을 서고 있다.

126-127page 아이스 폴 위쪽에서 셰르파들이 웨스턴 쿰의 4캠프까지 물자를 나르고 있다. 1952년 스위스 팀은 이 아름다운 장소를 "고요의 계곡"이라고 불렀다. 서쪽을 보면 티베트 접경 지역에 위치한 링트렌Lingtren과 쿰부체Khumbutse가 멀리 보인다.

128page 노이스가 팀을 이끌고 발자국을 따라 웨스턴 쿰으로 가고 있다. 오후에 눈이 내리면 우리 발자국이 없어지기 때문에 아침마다 신설을 뚫고 새 길을 내는 힘든 작업을 해야 했다. 눕체의 벽 아래에 있는 이 크레바스의 삐죽삐죽한 가장자리를 따라서 가면 자연설로 만들어진 다리를 건너게 되고, 그곳에서 곧바로 올라가면 쿰에 도착할 수 있다.

129page 5월 1일 6,460미터에 전진 캠프인 4캠프를 구축했다. 이곳은 로체 사면이 시작되는 곳으로부터 약 1킬로미터 떨어진 곳인데 우리 앞쪽에 로체 사면이 거대하게 솟아 있었다. 이곳은 장엄하도록 아름다운 곳이었다. 캠프 뒤쪽으로 에베레스트 정상 부근의 검은 바위가 눈과 얼음으로 이리저리 흰 줄이 그어진 모습으로 거대하게 솟아있다.

130page 4캠프 근처에 뜻하지 않게 생긴 웅덩이에서 갓 녹은 물을 가져오고 있다.

131page 로체 사면에 세워진 7캠프에서 세르파들이 장비를 점검하고 있다. 미드형 텐트와 정상 공격용 산소 장비, 사우스 콜을 위한 물자가 근처의 눈 위에 보인다. 5월 18일에 이 캠프 위쪽으로 안전한 루트가 마련되었지만, 여전히 로체 사면 위쪽을 길게 횡단해서 사우스 콜로 가야 했다.

132-133page 세르파들이 로체 사면으로 물자를 옮기기 전에 휴식을 취하고 있다. 그 당시로는 혁신적인 디자인이었던 고소용 부츠를 특별히 만들었는데, 이 부츠는 안쪽에 목이 긴 등산화를 넣고 바깥쪽에는 딱딱한 외피로 감싼 것이었다.

134-135page 로체 사면에 있는 4캠프에서 서쪽으로 웨스턴 쿰이 내려다보인다. 흰 눈이 겹겹이 쌓여 있고 순수한 눈의 황무지가 아래로 흘러가고 있는 이 광경은 아이스 폴 가장자리에서 뚝 끊긴다.

136-137page 4캠프를 출발해 앙 니마와 나는 로체 사면에
루트를 내는 작업을 시작했다. 고독하고도 힘든 일이었지만 우리는
밀어붙였다. 앙 니마가 단단하게 고정로프를 설치하는 사진(오른쪽)을
찍었는데, 이 로프 덕분에 뒤쪽에 있던 대원들이 우리가 간 길을 따라
올라올 수 있었다. 사우스 콜로 올라가는 루트의 마지막 구간은 5월
21일 노이스와 세르파 아눌루Annullu가 작업했다.

138page 7캠프는 로체 사면 위쪽에
설치되었는데, 이곳은 위험해서 그간의 루트
작업을 느긋하게 즐길 만한 장소가 아니었다.
사우스 콜로 가는 길에 제네바 스퍼가 있었다.
저 위에 에베레스트로 향하는 정상 능선이
하늘을 등지고 펼쳐져 있다.

139page 우리가 깎아 놓은 발 디딜 곳이 새로
내리는 눈으로 계속 덮였다. 힐러리는 로체
사면 루트에 고정로프를 설치하는 것을 도우며
세르파들을 이끌고 사우스 콜의 8캠프로 왔다.

140page 5월 22일 첫 번째 정상 공격조인 보딜런과 에번스가 4캠프를 떠나 사우스 콜로 올라갔다. 그들은 폐쇄형 산소 장비를 사용했다. 파란 윈드 재킷을 입고 고무창을 덧댄 고소화를 신은 보딜런이 앞장을 섰다. 그의 산소 장비에 배낭과 오리털 재킷, 침낭과 크램폰이 묶여 있다.

141page 5월 25일 두 번째 정상 공격조인 힐러리와 텐징이 4캠프를 출발했다. 힐러리는 재빨리 텐징의 산소 장비를 점검했다. 에너지 소모를 줄이기 위해 그들은 계속 산소를 사용했다. 텐징의 피켈 자루에는 정상을 위해 준비된 듯 깃발이 감겨있다. 나는 지원조로서 사우스 콜에 더 많은 물자를 옮겨놓기 위해 다섯 명의 셰르파와 함께 먼저 출발했다.

142page 5월 26일 에번스와 보딜런이 처음으로 남봉을 올라서기 위해 8,290미터 능선 근처 바위 위에 서 있는 것을 헌트가 사진으로 찍었다.

143page 8캠프가 황량한 사우스 콜에 세워져 있다. 여기는 분명 세상에서 가장 불쾌한 장소일 것이다. 고소에다 바람과 추위가 합세해 견디기 힘들도록 생명체를 괴롭힌다. 돌과 반짝이는 파란 얼음이 에베레스트의 강풍 속에서 계속 휩쓸려 다녔다.

144page 두 개의 작은 점이 쿨르와르 하부에 그늘을 만들었다. 에번스와 보딜런이 정상 공격을 마치고 사우스 콜의 바람에 쓸린 얼음 지대를 힘겹게 걸어내려오고 있다. 그들이 정상에 갔을까? 비틀거리며 우리 쪽으로 다가왔을 때야 우리는 그 궁금증을 풀 수 있었다.

145page 헌트가 지친 에번스와 보딜런을 맞이하여 8캠프로 데려가고 있다. 나는 이렇게 지친 사람들은 본 적이 없었다. 그들은 사력을 다했고 하루 만에 825미터의 고도를 올라 남봉까지 갔다. 손에 잡힐 듯 말 듯한 에베레스트 정상이 그들 위쪽으로 90미터 고도 이내에 있었지만, 그들은 더 갈 수 없었다. 그들이 거기에서 더 갔다면 분명히 가는 길에 죽었을 것이다.

146page 윌프리드 노이스의 멋진 모습.
그는 사우스 콜로 가는 루트에 고정로프를
설치하기 위해 올라왔다.

147page 존 헌트가 남동릉 지원을
마친 다음 5월 26일 지친 몸으로 사우스
콜로 내려왔다. 그는 오자마자 차를 한 잔
달라고 했다. 그날 모두 8캠프에 모였다.
그레고리와 나는 2차 공격조인 힐러리,
텐징과 함께 피라미드형 텐트에서 잤고,
헌트와 에번스, 보딜런은 2인용 미드형
텐트에서 좁게 잤다. 그날 밤은 정말
힘들었다. 강풍에 계속 뒤흔들려 잠을
이룰 수가 없었다.

148-149page 폭풍이 가라앉기를 기다린
다음, 5월 28일 사우스 콜에서 올라가기로
했다. 내가 남동릉으로 이어지는 가파른
쿨르와르의 바위를 오르고 있다.

150-151page 8,320미터쯤 되는 지점에서
알프레드 그레고리가 코닥 레티네II를 갖고
있는 멋진 내 사진을 찍어주었다. 여기서 얼마
지나지 않아 힐러리와 텐징이 텐트를 칠만한
곳, 즉 9캠프 자리를 찾아야 했다. 능선은
위로 갈수록 점점 더 가팔라졌지만 우리는
평평한 바위 테라스를 찾을 것이라는 희망을
품고 천천히 찾아보았다. 마침내 8,500미터
바위 절벽 바로 아래에서 한 군데를 찾았다.
그레고리, 앙 니마와 나는 짐을 내려놓고
힐러리와 텐징이 우리를 향해 올라오는
사진을 몇 장 찍은 다음 사우스 콜로 힘겹게
내려가기 시작했다.

정상 너머

그러면 우리가 받은 축복을 생각해보자.

다양한 크기와 형상과 난이도를 지닌 등정되었거나 등정되지 않은

수많은 에베레스트를 말이다. 우리는 그 산들에서 영원히 도달할 수 없을 것 같던

또 다른 에베레스트를 본다.

빌 틸먼Bill Tilman, 1948

에베레스트를 등정한 다음, 성대한 만찬과 순회강연이 이어졌다. 영국에 돌아오자마자 시작되어 한 달 후 고국인 뉴질랜드에 갈 때까지 계속 이어졌다. 뉴질랜드에서도 기진맥진할 정도로 같은 대접을 받았다. 우리의 등반을 담은 영화 〈에베레스트 정복〉도 굉장한 성공을 거두었다. 나는 그 산이 정복된 것은 아니라고 생각했지만, 사람들은 그 영화를 기꺼이 받아들였고, 그 영화에 대한 대중들의 열광은 우리 모두에게 놀라움을 주었다. 내가 찍은 컬러 촬영분도 상당히 잘 나와서 결국에는 전체를 편집하는 일까지 내가 관여하게 되었다. 다시 한 번 운이 좋았다고 생각한다.

그러나 우리는 무엇보다도 산에서 무사히 내려와야 했다. 모두가 그날 힐러리와 텐징이 무엇을 성취했는지 이제는 잘 알고 있으니 너무 자세한 이야기는 생략하겠다. 말할 나위도 없이 모든 것이 계획에 따라 착착 진행되었다. 그들은 9캠프에 앉아서 밤을 보냈다. 그 장소는 너무 좁아서 누울 수가 없었다. 졸면서 밤을 보낸 다음 따뜻한 음료 한 잔을 마시고 오전 6시 30분에 분당 3리터의 산소를 마시면서 출발했다. 오전 9시에 남봉에 도착했는데, 마지막 부분은 굉장히 가팔랐고 눈의 상태도 나빴다. 정상 능선은 처마처럼 되어 가팔랐는데 힐러리가 거의 세 시간 동안 앞장서서 발 디딜 자리를 깎으며 올라갔다. 그는 컨디션이 좋아, 멈추지 않고 계속 깎으면서 움직일 수 있을 것 같은 기분이었다고 한다.

12미터짜리 수직 바위 계단이 있었는데 힐러리는 틈을 찾아 무릎을 대고 기어 올라갔다. 눈앞에 보이는 마지막 뾰족한 부분을 올라서면 정상인가 싶었는데 올라가면 아니고 또 올라가면 아니고 해서 애가 탔다. 마침내 오전 11시 30분 그들은 가파른 삼각뿔 모양 바위 위에 올랐고 그곳에서 모든 곳을 내려다볼 수 있었다. 피켈을 몇 번 휘두르고 지친 발걸음을 몇 번 옮기자 정상이었다.

힐러리는 "텐징이 너무 좋아서 나를 얼싸안았어."라고 말했다. "우리는 서로의 등을 두드려주었고 그 순간을 즐겼지만 시간을 낭비할

수 없었지. 완전한 정상이었고 모든 것이 그곳으로부터 시작되었으며 모든 것을 그곳으로부터 내려다볼 수 있었어. 나는 사방의 능선이 내려다보이도록 사진을 찍고 텐징이 갖고 올라온 깃발이 날리는 사진도 찍었어. 깃발은 UN과 영국 국기, 또 다른 깃발이었던 것 같은데 확실히 기억나진 않아. 나는 텐징이 내 사진도 찍어줘야 한다고 생각하지 않았어. 그는 전에 사진을 찍어본 적이 없었고 에베레스트 정상에서 그에게 사진을 찍는 법을 가르쳐주기는 힘들지 않나." 나는 이 말을 듣고 껄껄 웃었다. 힐러리는 정말 순진하다. 정말, 그가 정상에서 찍은 사진은 멋진 것이었고 원정 전체에서 가장 소중한 사진이었다. 그보다 더 좋은 사진은 없었다.

그들은 산소 장비를 벗어둔 다음 힐러리는 사진을 찍고, 텐징은 네팔 텡보체 사원과 저 멀리 티베트의 셰카르 쫑Shekar Dzong을 가리켰다. 미풍이 계속 불기는 했지만 완벽하게 맑은 날이었다. 힐러리는 정상에서 돌을 한 움큼 집어 들고 아래로 갖고 내려왔다. 나에게 그걸 제일 먼저 주었는데 진짜 보물이었다. 텐징은 신에게 바치는 음식을 두고 왔다. 과자, 사탕, 초콜릿이었는데 작은 것들이었지만 신은 그것을 받고 그들이 정상에서 집까지 안전하게 가도록 허락해주었다. 힐러리는 존 헌트가 정상에 가져가달라고 요청한 작은 십자가를 두고 왔다. 각자의 종교가 뭐든 간에 두 사람은 이 산에서 하나로 뭉쳤고, 두 사람 모두 가능한 한 빨리 내려오는 데 전력을 다했다. 그들은 정상에서 15분 정도를 보낸 다음 내려오기 시작했다.

내려오는 길에 나를 만났으며, 사우스 콜에서 네 번째 밤도 끔찍하도록 바람이 불고 추웠다. 5월 30일 우리는 조심스럽게 로체 사면을 내려와서 이 성공 소식을 알리기 위해 웨스턴 쿰의 4캠프로 향했다. 로체 사면의 7캠프에서는 찰스 와일리가 차를 끓여놓고 우리를 맞이하며 기쁨의 탄성을 질렀다. 우리는 곧장 내려와서 6캠프와 5캠프를 지나 그날 오후에 영화를 촬영하고 있던 톰 스토바트를 만났다. 나는 그에게 다가가면서 엄지손가락을 들어 올렸고, 그는 기뻐서 난리가

153page 5월 30일 안전하게 4캠프에 내려와서 사우스 콜 팀과 정상 팀이 함께 포즈를 취했다. 존과 힐러리, 텐징, 앙 니마, 그레고리와 내가 보인다.

154page 5월 29일 아침 힐러리가 이 사진을 찍었을 때만 해도 세상에서 단 네 명만이 에베레스트 정상으로 가는 이 능선을 볼 수 있었으나 그들 네 명 중 아무도 이곳에 발을 들여놓지 못했다.

났다. 그는 존과 다른 사람들이 4캠프에서 기다리고 있는데 모두가 걱정과 불길한 생각들로 거의 제정신이 아니라고 말해주었다. 우리는 아무 신호도 하지 않고 그냥 조용히 4캠프로 걸어가서 그들에게 성공 소식을 알려 놀라게 하자고 모의했다. 톰은 뒤따라오면서 그 광경을 찍고 싶었기 때문에 흔쾌히 그러기로 했다.

우리는 4캠프로 계속 내려갔다. 텐트들이 보이는 400미터 전방에 다다랐더니 존을 포함해서 거의 모두가 일어나면서 소식을 들으려고 우리 쪽으로 오기 시작했다. 우리는 속으로 엄청나게 흥분했지만, 그들을 향해 터벅터벅 걸으면서 아무 신호도 보내지 않았다. 존은 우리가 실패했다고 생각한 것 같았다. 그의 어깨가 축 처졌고 지친 듯이 천천히 걸어왔다. 낙담하고 있었던 것 같다. 다른 사람들은 우리를 만나 최악의 소식을 듣게 될까 봐 주저하고 있었다. 톰은 우리 뒤에서 "아직은 안 돼. 조금만 더 기다려, 더 가까이 간 다음 말해!"라고 말했다. 존이 100미터쯤 떨어진 곳까지 다가왔을 때 나는 피켈을 들어 올려 멋진 승리의 신호를 보냈다.

존은 움찔하며 멈춰서더니 숨을 깊이 들이쉬었고, 마이클 웨스트매컷은 달려오기 시작했다. 다른 모든 사람들은 환호하거나 소리를 지르며 눈물을 흘렸다. 존도 눈물을 흘렸다. 그는 앞으로 달려와서 눈물을 뚝뚝 떨어뜨리면서 힐러리와 텐징을 껴안았다. 그는 너무나 많은 일을 견뎠고 걱정과 긴장으로 지쳐있었다. 영국인답지 않게 감정이 폭발하는 장면들을 톰이 찍었는데, 그것은 모두에게 최고의 순간이었다. 『더 타임스』의 특파원이었던 제임스 모리스James Morris는 우리의 성공적 귀환을 확인하고 런던에 그 소식을 전하기 위해 한달음에 아이스폴을 내려갔다. 존은 그동안 심리적으로 너무 큰 스트레스를 받고 있었기 때문에 긴장이 풀려서인지 견디지 못하고 텐트에 쉬러 갔다. 의사 마이클 워드가 존에게 진정제를 투여한 다음 산소마스크를 씌워줬다.

모두의 염원과 노력과 도전 끝에 이루어진 우리의 원정은 이제 성공했다. 정상에 도달했고, 가장 중요한 것은 모두가 건강하고 안전하게 돌아왔다는 것이다. 영국 원정대가 30년간에 걸친 각고의 노력

끝에 '제3의 극지'에 도달했다는 점에 너무나 기뻤다. 그날 밤 에베레스트에 도전했던 선배들과 셰르파들, 그리고 존과 에릭 쉽턴을 위해 건배했고 밤늦도록 이야기를 나누었다.

하산하는 과정에서의 기억은 흐릿해서 지금도 잘 기억나지 않는다. 아이스 폴이 특별히 위험했다는 것과 베이스캠프에 돌아왔을 때는 거의 어둑어둑했다는 기억만 있다. 이틀 동안 침낭 속에 누워 잠만 잤다. 그때 나는 고향에 보내는 편지에 이렇게 썼다.

… 지금쯤 우리 13명의 대원들이 승리에 도취되어 있을 거라고 생각하지 마세요. 우리 베이스캠프를 방문하시면 9명의 대원들과 15명쯤 되는 셰르파들이 충혈되어 멍한 눈에 비쩍 마르고 지저분한 꼴로 정신 못 차리고 텐트 속에 축 늘어져 있는 걸 보실 수 있을 겁니다. 힐러리는 지금 기진맥진해서 계속 잠만 자고 있고, 찰스는 축 처진 모습으로 담배만 피우고 있습니다. 나누는 대화라고는 두서가 없고 모두 멍해요. 모두 정말 지쳐있습니다. 일행 중 나머지 5명은 내일이나 되어야 3캠프에서 내려올 텐데 모두 지난 2주일 동안의 고생으로 다리도 성치 않고 온몸은 상처투성이일 겁니다.

이틀 전만 해도 사우스 콜에서 극한에까지 처해있었습니다. 어제 베이스캠프로 내려와서 모두 구멍 난 풍선처럼 힘이 빠져있습니다. 힐러리와 찰스 에번스, 제가 같이 움직였는데 여러 시간 걸려 내려왔습니다. 평생 그렇게 지친 적이 없었고 힐러리도 그랬습니다. 이제 여기 오셔서 우리를 보신다면 상상할 수 없을 정도로 고생해서 지치고 무기력한 등반대를 보실 수 있을 겁니다.

우리는 그곳에서 충혈된 눈과 지친 몸으로 여왕의 대관식이 열린다는 소식을 작은 라디오로 들었다. 그런 다음 BBC 아나운서가 갑자기, 에베레스트가 드디어 정복되었다는 소식을 속보로 알린다고 말했다. 나

는 갑자기 이런 생각이 들었다. "이런, 우리가 정말 해냈구나!" 기적같이, 모리스가 보낸 기사記寫가 남체의 인도군 무선 중계소를 통해 카트만두의 인도 영사관으로 완벽하게 전달되었고, 영사관은 그 소식을 런던의『더 타임스』로 송신한 것이다. 그 시절에 그것은 정말 보도와 전송의 기적이었다. 암호 송신 메시지는 이러했다.

"눈의 상태가 나빴다 STOP 전진 캠프를 어제 버렸다 STOP 좋아지기를 기다리고 있다 STOP 모두 잘 되었다" 이것은 해독하면 "5월 29일 힐러리와 텐징에 의해 에베레스트 정상이 정복되었다."라는 뜻이었다.

대관식날 밤 우리는 엘리자베스 2세와 필립 공을 위해 럼주를 한 잔씩 들어 건배했다. 술의 양은 각자 달걀 담은 컵 정도밖에 안 되었지만, 몸이 좋지 않아서 거의 모두가 몹시 취했고 수다스러워졌으며 저녁 내내 노래하면서 즐겁게 보냈다. 너무 취해서 노래를 잘 부를 수는 없었지만 잠이 안 올 정도로 신이 났다.

초등에 쏟아진 박수갈채는 초등을 이루어냈다는 것뿐만 아니라 그 타이밍이 절묘했던 것에도 있었던 것 같다. 존 헌트는 언젠가 그것을 "행운의 타이밍"이라고 말했는데, 우리의 성공담이 우리가 등반한 내용보다 더 중요하게 받아들여졌다는 점에서 그의 말이 맞았다. 우리 모두 산에서 행복과 고난의 시간을 함께 보냈다. 물론 때로는 산에서 혼자 고요한 시간을 보낼 때 훨씬 더 행복했고, 산에서 영혼을 정화하고 마음의 상처를 위로받는 경험을 했다. 그러나 이런 경험들을 신문 머리기사로 장식해줄 리도 없고 당연히 에베레스트 초등과 같은 보도 경쟁이나 국제적인 열광을 불러올 수는 없는 것이다.

우리의 원정 성공은 그 자체로 많은 사람에게 상상력을 불어넣어주었다. 5년간의 전쟁으로 지친 대중들이 밝고 희망찬 미래를 기대하고 있던 차에 우리의 성공은 이런 대중적 정서에 잘 부합했다. 1953년 6월 2일 런던에서 있었던 대관식을 보러 모인 군중에게 우리의 승리가 라디오와 길에 설치된 스피커를 통해 방송되었다. 우리는 젊은 여왕과 나란히 신문의 1면을 장식했다. "대관식의 영광, 에베레스트가 정복되다!" 우리는 물론 기뻤지만 너무 떠받들어지는 것 때문에 당황스럽기도 했다.

뉴스를 들은 몇몇 대원들은 안도와 만족의 깊은 숨을 내쉬었다. 우리의 친구이자 멘토인 쉽턴은 등산가들의 의견을 대변하여 이런 말을 했다. "정말 다행이다. 이제 우리는 진짜 산에 다닐 수 있게 되었다." 그의 말은 약간의 냉소적 의미가 깃든 것이기도 했지만, 사실 그 말에 우리들도 어느 정도는 공감했다. 에베레스트는 지나치게 세간의 화제가 되어서 세계 최고봉을 오르겠다고 경쟁적으로 많은 나라의 등산가들이 마음속에 의지를 불태웠다. 그것은 우리가 산에 이끌렸던 초심을 왜곡시키고 마음의 거리를 두게 했다. 등반이 주는 순수한 즐거움과 개인적인 경험, 유명세로부터의 자유로움 같은 것 말이다.

우리가 쿰부를 떠날 때 존 헌트는 이미 대원들을 맞이할 환영행사 준비 차 먼저 내려갔으며, 힐러리와 나는 본 원정대를 이끌고 남쪽으로 향했다. 우리에게 편지를 갖고 온 전령들이 속속 도착하기 시작했다. 그들은 편지와 신문과 전보로 가득 찬 가방들을 가져왔고, 에베레스트 등정이 매일 매일 세계적인 관심을 끌고 있다는 점이 확실해지기 시작했다. 어느 날 늦은 오후 힐러리와 나는 좁은 길을 걷고 있는데 또 전령이 달려왔다. 그날의 두 번째 전령이었다. 나는 편지를 분류하다가 힐러리에게 "너에게 편지 한 통 와 있어."라고 말했다. 존 헌트가 직접 쓴 편지봉투의 마지막 부분에 굵은 줄로 밑줄이 그어져 있었다. "에드먼드 힐러리 경 대영제국 기사작위 수여!"였다. 나는 약간 웃기 시작한 것 같고, 힐러리는 놀라서 나를 보고 물었다. "뭐가 그렇게 웃겨?" 나는 그에게 작위를 땄다고 말했고, 그는 "하하, 농담이 지나치군."이라고 말했다. 그는 내 말을 믿지 않았지만 그 편지에는 여왕이 그에게 힐러리 경이라는 기사작위를 수여한다고 쓰여 있었다. 그걸 보고 우리는 우리의 성공에 대해 시끌벅적한 축하가 있을 것이라는 생각이 들기 시작했다. 힐러리는 "산에 가서 즐겁게 지냈더니 이런 일이 일어났네."라고 하면서 "벌을 칠 때 늘 입던 한 가지 옷만 입었는데. 빌어먹을! 이제 귀족이 되었으니 새로운 정장을 한 벌 사야겠군!"이라고 한

THE ILLUSTRATED
LONDON NEWS

The World Copyright of all the Editorial Matter, both Illustrations and Letterpress, is Strictly Reserved in Great Britain, the British Dominions and Colonies, Europe, and the United States of America.

SATURDAY, JUNE 27, 1953.

THE CONQUERORS OF EVEREST: E. P. HILLARY (LEFT) AND TENSING BHUTIA, THE FIRST MEN TO SET FOOT ON THE SUMMIT OF THE WORLD'S HIGHEST MOUNTAIN.

On the night of June 1-2, the eve of the Coronation, *The Times* received from the British Mount Everest Expedition, 1953, the message that E. P. Hillary and the Sherpa Tensing Bhutia, had reached the summit of the mountain, 29,002 ft. high, on May 29. It was later announced that the time of their triumph was 11.30 a.m. and that they stayed on the summit for about fifteen minutes. The news was taken directly to H.M. the Queen and published on the morning of her Coronation—a "crowning homage" for the great day. The Queen sent an immediate message of congratulation; and on June 8 it was announced that she had approved the conferring of a K.B.E. on Mr. E. P. Hillary and a Knighthood on Colonel John Hunt, the leader of the expedition. At the same time it was stated that she desired also to honour Tensing Bhutia, but that, since he is not a British subject, the form of the award would require consultation. He is claimed as a citizen by both Nepal and India. A George Medal was offered and it is understood that Nepal has agreed to this.

(Photograph and excerpts by arrangement with " The Times.")

c

마디 덧붙였다.

여러 해가 지난 다음 에베레스트의 등정 성공이 다양한 분야로 알려졌는데, 모두 잘 된 것 같았지만 한편으로는 이상해지기도 한 것 같았다. 존이 이것을 잘 설명했다.

우리의 등정은 국가 간의 권위의 상징이 되었다. 설교와 코미디, TV쇼의 주제가 되기도 했고, 수출 동력에 힘을 실어주었으며, 자선활동의 목표가 되고, 대원들의 이름이 이탈리아 와인의 상표 이름이자 추운 영국 기후에 대비한 이중 창호의 이름이 되기도 했다. 원정대원 이름 중 일부는 학교와 학교의 건물, 거리와 청소년 단체, 스카우트 팀과 탐험 단체, 심지어는 에딘버러 동물원의 호랑이 세 마리에게 붙여지기도 했다.

운 좋게도 나는 곧 이러한 관심으로부터 한 발짝 벗어날 수 있었는데 내가 기억하는 한 내 이름을 딴 동물은 없었다. 그래도 얼마 후 남극 원정을 한 다음 남극에 내 이름을 딴 산을 하나 갖게 되었는데 그것이 더 만족스러웠다.

세계에서 가장 큰 산에서 보낸 우리의 시간을 다룬 이야기는 우리와 무관하게 퍼져나갔고 우리가 어찌할 수 없을 만큼 널리 회자되었다. 종종 우리는 아주 먼 곳에서 우리들의 이야기를 접하곤 했는데 그저 방관할 수밖에 없었다. 유명세와 그 밖의 원정대와 연관된 모든 내용이 우리의 동기를 왜곡했거나 최소한 우리의 목표를 상투적인 표현으로 바꾸었다. "위험을 즐기는", "기록을 깨는", "모든 것을 정복하는"이나 어떤 신문에서는 "위험한 능선을 넘어 올라가는 용감무쌍한 영웅들" 같은 말로 우리를 묘사했다. 그렇지만 그것은 우리가 산에서 느낀 경험과는 거리가 멀었다. 에베레스트의 선구자인 빌 틸먼이 유명세의 메카니즘을 다음과 같이 표현했는데 나도 동의한다.

진정한 등산가가 신문 등에서 산에 관해 뭔가를 말하게 되면 본의 아니게 유명세를 짊어지게 된다. … 등반은 전적으로 사람과 산이 나누는 개인적인 경험이다. 그런 개인적인 경험이 왜곡되는 것은 불쾌한 일이다. 특히, 늘 그렇듯 신문이 산의 이름도 잘못 쓰고, 그 산의 높이에 수백 미터를 더하거나 빼기도 하고, 엉뚱한 딴 사람이 그 산에서 하지도 않은 일을 마치 한 것처럼 묘사할 때 그 불쾌감은 이루 말할 수 없다.

적어도 언론사들은 에베레스트의 이름은 비교적 제대로 게재하지만 종종, 구체적인 세부내용을 보면 제대로 된 게 없다. 늘 그렇듯, 등반은 대중적이 되었고 에베레스트로 인한 유명세는 우리가 생각한 것보다 훨씬 더 커졌다. 기껏해야, 우리는 앞으로도 우리 자신의 경험만을 이야기 할 수 있을 뿐인데….

그리고 산에서보다 일상에서의 삶은 더욱 빠르게 진행되었다. 힐러리는 유명한 연애를 했고 1953년 9월 3일 우리 둘 다 알고 있던 아가씨와 결혼했다. 신부는 루이스 로즈Louise Rose로 그녀의 아버지는 뉴질랜드 산악회장이었다. 결혼식에서 내가 신랑 들러리를 했다. 24시간 뒤 우리는 유럽 순회강연을 가기 위해 비행기를 탔다. 레이캬비크에서부터 로마까지 거의 모든 주요 도시와 중소도시에서 의기양양하게 순회강연 여행을 했다. 영국, 프랑스, 스칸디나비아 반도, 핀란드, 벨기에, 네덜란드, 이탈리아에서 우리는 일주일에 12번에서 15번 정도의 강연을 했다. 그때가 내 인생에서 큰돈을 번 유일한 시기였다.

이 시기에 우리들의 영화 〈에베레스트 정복〉이 세계 전역의 극장에서 개봉됐다. 우리가 그 영화를 얼마나 많이 봤는지, 혹은 봐야 했는지 기억나지 않지만 상당히 여러 번 봤으며, 영화가 끝나고 곧장 이어지는 강연을 하기 위해 마음을 가라앉히고 정신을 집중해야 했으므로 영화가 상영되는 동안 비교적 차분하게 있을 수 있어서 좋았다. 『뉴

158page 정상에서 내려와 힐러리와 텐징이 함께 사진을 찍었다. 이것을 시작으로 앞으로도 이 두 사람은 무수한 사진을 함께 찍게 될 것이다. 두 사람의 등정에 대한 흥분이 세계로 퍼져나갈 때 내가 찍은 '에베레스트의 정복자들' 사진이 『디 일러스트레이티드 런던 뉴스THE ILLUSTRATED LONDON NEWS』 6월 27일자 1면을 장식했다.

욕 타임스』조차 우리에게 우호적인 영화평을 개재했다.

　이 영화가 얼마나 마음을 조마조마하게 하는지 군이 설명할 필요가 없다. 이것은 지난봄에 이루어진 에베레스트 정복의 공식 영화이다. 대개의 기록영화는 대원들이 등반 중에 시간 날 때마다 적당히 찍은 사진을 모아놓은 것이 고작인데, 이 영화는 가장 멋진 순간들을 공들여서 촬영함으로써 극적 효과를 낼 수 있었고, 훌륭한 색상과 기발한 스타일로 잘 편집되어 개봉되었다. … 용감한 사람들과 훌륭한 카메라맨 덕분에 〈에베레스트 정복〉을 보는 것은 충분한 값어치가 있다. 이것이 올해의 가장 유익한 영화 관람이 될 것이다!

1954년 1월이 끝나갈 무렵, 에베레스트 대원 중 힐러리와 나와 원정 부대장이었던 찰스 에번스 이렇게 세 명은 또 다른 두 개의 원정을 시작했다. 첫 번째 원정이 가장 힘든 것이었는데 두 달 동안 미국의 동부에서 서부까지 이동하면서 우리가 어떻게 에베레스트를 오르고 왜 올랐는지에 대해 강연을 하는 것이었다. 두 번째는 아직 창립한 지 얼마 되지 않은 뉴질랜드 산악회의 히말라야 원정이었는데 세계 4위 고봉인 8,463미터의 마칼루 등반을 다녀오는 것이었다. 마칼루는 미등봉이어서 아무도 가본 적이 없었고 모든 면에서 에베레스트만큼이나 어려웠다.

　에베레스트에 관한 미국 전역 순회강연에서 제공되는 음식은 버터 소스를 친 스테이크였고, 셰르파 대신 캐딜락이 지원되고, 밤에는 바위 대신 스카치와 버본 위스키를 탐닉했으며, 웨스턴 쿰 대신 술에 취했고, 아이스 폴 대신 알코올 중독자로 전락해버렸다. 그건 마칼루 등반을 준비하는 데 최악의 프로그램이었다. 그리고 그 순회는 아메리카 대륙에서 끝난 게 아니었다. 힐러리와 나는 호놀룰루까지 가서 강연을 한 다음 태평양을 건너 피지 섬으로, 그리고 뉴질랜드까지 가서

강연했다. 나흘 후 우리는 비행기로 캘커타에 간 다음 열차를 타고 네팔 국경으로 갔다. (그곳에서 우리는 세계를 반대편으로부터 돌아온 찰스 에번스를 다시 만났다.) 1954년 4월 1일, 우리는 지친 몸으로 히말라야에 들어갔다. 우리 세 명의 등산가는 살이 찌고 축 처져있었다. 딜런 토마스Dylan Thomas가 언제인가 "순회강연에 따른 고통스러운 대가"라고 부른 무거운 몸이 되어 있었다. 다시 컨디션을 되찾는 과정은 우리가 두고 온, 그리고 우리 몸속에 녹아든 안락한 생활만큼이나 힘들었다.

　최소한 우리는 미국에서 딱 한 번 속 후련한 순간이 있었는데 그때 정말 마음이 흐뭇했다. 우리가 뉴욕을 방문하고 있을 때 위대한 에드먼드 힐러리 경과 인터뷰하기로 한 내셔널 지오그래픽 협회의 수석 기자가 쓴 기사였다. 그 무렵 우리 모두 신문 기자와의 인터뷰와 새로운 무용담에 대한 끊임없는 요구에 이가 갈리도록 질려 있었다. 이제는 『내셔널 지오그래픽』처럼 그렇게 권위 있는 미디어의 언론인도 우리에게 그리 환영받지 못했다. 그러나 기자는 끈질겼고 한편으로는 정말 쾌활한 젊은이였는데, 힐러리는 후일 그 인터뷰에 대해 "조지 로우와 찰스 에번스와 나의 냉대를 참아낸 정말 유머 감각이 뛰어난 친구였다."라고 평했다.

　결론적으로 그 기자는 제대로 된 기사를 실어주었다. 그가 쓴 기사의 마지막 문장은 우리에게 말로 표현할 수 없는 즐거움을 주었다.

　힐러리와 같이 응접실에 앉아 있었다. 내가 그에게 껑충 긴 팔다리를 쭉 뻗고 편히 앉으라고 권한 다음, 등반에 대해 차근차근 상세히 말해달라고 요청했다. 우리는 네 시간 동안 함께 산을 되짚어 올라갔다. 나는 다행스럽게도 기후에 상당히 잘 적응한 것 같았다. 이전의 다른 취재원들처럼 이야기가 지루해지는 구간에서 실족하지 않고 이때쯤 많은 기자를 괴롭히는 졸음도 오지 않았다.

오히려 힐러리가 나보다 더 힘든 것 같았다. 그는 점점 힘들게 말을 이어갔다. 입 밖으로 이야기할 기력조차 점차 없어지고 있었다. 가끔은 그가 하품을 하려는 듯이 보였고 그런 다음 다시 정신을 차리고 계속 말을 이었다. 심지어 두통을 호소하기도 했다. 이 정도 올라오면 누구나 겪는 고통이겠지만 그는 이 고통을 그동안의 훈련덕분에 자제하는 것처럼 보였다.

인터뷰의 마지막 10쪽은 진지한 내용이었다. 대화의 속도가 점점 더 느려졌다. 나는 어느 시점에서 우리가 대화를 그만두는 것이 좋지 않을까 고민하기도 했다. 사실, 산으로 봐도 당대의 가장 뛰어난 팀이 등정을 이루어 온 것이 아닌가? 따라서 우리가 대화를 그만둔다고 해도 창피한 일은 아니었다. 그러나 바로 그때 힐러리가 몸을 휘청 앞으로 숙이더니 이야기를 마무리 지으려는 듯이 "우리가 해치웠어!"를 상당히 근사한 뉴질랜드 속어로 말했다.

나중에, 나는 힐러리에게 보스턴에서는 어디에 숙소를 정할 것인지 물었다. 그가 대답했다. "스타틀러Statler 호텔에요. 그런데 왜냐고요?" 진지한 표정으로 그가 자신의 질문에 대한 답을 했는데, 나는 이 말을 영원히 기억할 것이다. "Because it is there호텔이 거기 있으니까."

● 여러 달 동안 매일 힐러리와 함께할 수 있는 고무적인 시간을 보냈다. 나는 그가 등산가에서 미래의 대장으로 얼마나 멋지게 성장했는지를 깨닫기 시작했다. 에베레스트에 가기 전까지만 해도 우리의 등반 경력에는 별 차이가 없었다. 등반에 필수적으로 요구되는 기본적인 열정도 마찬가지였다. 그러나 힐러리는 에베레스트 등정 후 모든 면에서 큰 도약을 했다. 그리고 1년 후 그는 에베레스트 인근 히말라야 지역으로 가는 매력적인 다른 원정에서 우리 가운데 자연스럽게 대장이 되었다. 1954년에 우리는 고봉 마칼루에 도전했다. 비록 정상에는 오르지 못했지만 인근의 어려운 산 바룬체Baruntse를 오르는 데 성공했다. 그러나 이 원정은 두 가지 사건에서 상당히 주목을 받았다. 하나는 최악의 동상과 크레바스 사고가 겹친 것이었고 다른 하나는 힐러리가 중병이라는 소문이었는데, 이때『더 타임스』마저도 힐러리 경의 추도사를 미리 써놓아야 하는 건 아닌지 고민할 정도였다.

힐러리가 대원 한 명을 구조하러 로프를 타고 크레바스 속의 완전히 어두운 곳까지 내려갔다. 바람은 포효하듯 불고 셰르파 한 명이 위에서 로프로 확보를 봐주고 있었는데, 갑자기 힐러리의 몸이 뒤로 잡아당겨지면서 크레바스 속의 얼음 가장자리에 마치 헝겊 인형처럼 내동댕이쳐졌다. 그 때 그는 갈비뼈가 세 개나 부러졌다. 더구나 며칠 후 폐렴과 말라리아 증세가 함께 보이기 시작했다. 전쟁 중에 그가 태평양에서 겪었던 병이 다시 도진 것이었다. 곧 힐러리가 위독하다는 기사가 문명 세계로 보내졌고 24시간 내에 그 이야기가 "힐러리 위독"이라는 머리기사로 세계 곳곳에 보도되었다. 런던 사람들은 큰 낙담 ─ 나중에 우리가 알게 된 것이지만 ─ 을 했다. 힐러리가 죽어가고 있다니! 에베레스트 정상에 올랐던 사람이 1년밖에 되지 않은 지금 산에서 죽음을 맞이하고 있다니! 존 헌트 경이 힐러리 경의 추도사를 쓰게 되는 일이 생길까?

존은 그 뉴스를 듣고 굉장히 좌절했지만 단 한 가지 점에서 단호했다. 힐러리가 죽었다는 부인할 수 없는 증거가 제시되어야 추도사를 쓰겠다는 것이었다. 그는 기자들에게 "당신들은 그가 얼마나 의지력이 강한지 모르겠지만, 나는 잘 알고 있습니다."라고 말했다. 힐러리가 어느 정도 회복되어 들것에 실려 내려온 것을 확인하고 비로소, 나는 존과 농담을 주고받을 수 있었다. "힐러리가 회복할 거라고 굳게 믿었네. 나는 처음부터 그의 추도사를 쓸 생각이 아예 없었어."라고 존이 나에게 말했다. 그러나 그가 그런 말을 할 때조차도 얼마나 마음이 아팠을지 나는 짐작할 수 있었다. 알다시피 우리는 그저 에베레스트를 함께 오른 동료 등산가들이 아니었다. 우리는 형제이자 가족이었다.

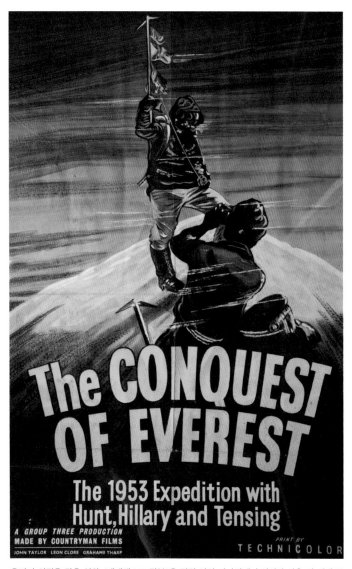

우리의 원정을 담은 영화 〈에베레스트 정복〉은 런던 왕실 시사회에서 상영된 이후 전 세계 극장에서 상영되었다. 나는 캐나다의 스케이트장에서도 봤고 나일 강 옆의 이집트 호텔에서도 봤다. 그 영화를 만드는 데 나도 어느 정도 기여했다는 것이 자랑스럽다.

나는 에베레스트 등정의 특별한 의미에 대하여 정리해달라는 요청을 종종 받곤 한다. 물론 역사를 만들었다는 의미가 있기도 하지만 그 당시에는 그것에 대해 별로 의식하지 않았다. 우리 모두는 자신이 좋아하는 것을 했을 뿐이었다. 우리에게는 산에 갈 기회가 주어진 것 그 자체가 가장 순수한 즐거움이었다. 존의 리더십은 두 사람을 정상에 올려놓는다는 최종 목적을 달성하는 데 정말 뛰어났다. 그와 같이 대원들에게 진심을 얻는 것은 어떤 대장도 하기 어려운 일이었으며 그는 대원들을 자신의 꿈으로 무장시키고 고무시켰다. 대중들에게 에베레스트의 성공 비결은 바로 '팀워크'와 '단합'에 있었다고 그는 뻔하고 새롭지도 않은 말을 계속했다. 어떤 비결보다도 우리가 에베레스트 정상에 올라가야 하는 것, 이것이 핵심이고 진실이었다.

단순한 사람들에 의해 세상 속으로 계속 내밀리다 보니 이 단순한 진실이 참신하지 못하고 오히려 저속한 의도가 있는 것처럼 들릴 수도 있었을 것이다. 그러나 사람들은 한 번도 우리들의 뻔한 이야기들에 대해 식상하다고 생각하지 않았는데, 그 이유는 존 헌트가 에베레스트를 하나의 메시지, 즉 모든 인류의 이상으로 만들었기 때문이다. 사람들은 모두 자기만의 에베레스트를 갖고 있다는 꿈을 심어준 사람이 바로 헌트였다. 사실 그의 입장에서 우리 원정의 핵심 목표는 그 시대의 가장 극적인 순간, 즉 젊은 영국 여왕의 대관식 일정에 맞추어 원정대의 단합과 노력으로 극적인 정상 정복을 달성하는 것이었다. 그러나 두 명만 정상에 도전할 수밖에 없는 시간적, 물리적인 제약 때문에 헌트의 이상은 실현되지 못할 수도 있었다. 그래도 우리는 모두 그의 이상을 믿었다.

바로 이것이 우리에게 진정으로 중요한 이유이자 핵심이었다. 우리는 세계 곳곳에서 모인 일단—團의 그룹이지만 곧 친구로서 한 팀이 되었다. 우리는 그 원정을 통해 평생 친구가 되었다. 다시 말하자면, 에베레스트 원정은 나에게 있을 수 없는 일을 선물해준 것이다. 나는 에베레스트를 포함해서 히말라야로 함께 갔던 다른 모든 친구들에게 진심으로 감사를 보낸다. 나에게 산이란 경쟁의 장場이 아니다. 나는 그저 산에 있고 싶을 뿐이다.

요즈음 에베레스트에 대한 집착이 심해져서 에베레스트 등정이 일종의 순례처럼 되어버렸다. 너무나 많은 사람들이 정상을 목표로 몰려들고 있다. 하지만 여전히 그곳은 어려움으로 가득하다. 공학 기술과 장비와 등반 기술이 그동안 급속도로 발전했지만 어느 것도 용기와 판단력과 행운을 대신해주지 못한다. 그리고 물론 이 거대한 산 말고도 여전히 도전이 필요한 많은 산이 있다.

우리가 원정을 시작하기 전에도 에베레스트는 늘 의구심과 불확실성 속에 우뚝 서 있는 꿈이었고, 우리가 성공한 다음에도 여전히 그랬다. 윌프리드 노이스는 "우리는 인간으로 하산했고, 절대 정복자는 되지 못했다."라는 멋진 글을 남겼다. 눈이 며칠 동안만 날려도 우리의 발자국은 덮여버리고 산의 사면은 다시 하얀 캔버스가 된다. 그래도 우리는 정상에 올라서 "에베레스트에 오르는 것이 과연 가능한가?"라는 핵심적인 문제의 답을 원정을 통해 얻어냈다. 존 헌트는 이것을 다음과 같이 잘 정리했다.

우리의 가장 큰 어려움은 물리적이거나 생리적인 문제보다 모든 사람들이 공통적으로 가지고 있는 심리적인 문제를 극복하는 것이었다. 배니스터Bannister가 1.6킬로미터(1마일)를 4분 안에 주파했듯, 인간은 언제나 기록 경신에 대한 불확실성이 있다. 우리의 경우 불확실성은 마지막 300미터를 돌파하느냐에 있었다. 사람이 지상이든, 해저이든, 땅이든, 공중이든, 혹은 우주이든 돌파구를 마련하면 불확실성이라는 벽이 무너지게 된다. 그러면 다른 사람들도 한 번 무너진 벽은 다시 무너질 수 있다고 확신을 갖게 되는 것이다.

그 후 많은 사람들이 에베레스트에 모여들었다. 힐러리와 텐징은 언젠

가 에베레스트가 정복되고 나면 아무도 오르려 하지 않을 것이라고 생각했었다고 말했다. 그렇지만 우리의 등정은 그 산에 종지부를 찍은 것이 아니라 그 반대의 상황을 불러왔다. 존 헌트는 "에베레스트를 오르려 노력하는 것에 기어이 정당성을 부여해야 한다면, 다른 사람들도 자신만의 '에베레스트'를 오르려 하는 것은 당연하다."라는 덕담을 했다. 이것은 애정의 표현이다. 수많은 자신만의 에베레스트 중에서도 진정한 에베레스트는 오직 하나 뿐인데, 모두 하나뿐인 에베레스트를 목표로 할 수밖에 없다는 것을 부인할 수 없다는 이야기이다.

힐러리와 텐징이 정상으로 갈 수 있도록 마지막 캠프를 구축하기 위해 나는 정상 300미터 전까지 갔다. 나는 정상조가 되지 못한 것에 대한 비통함이나 질투심이 하나도 없었다. 우리는 함께했고 나는 내 역할을 할 수 있어서 만족했다. 우리가 이룬 그 위업에 대한 세상의 반응으로 인해 동료의 삶이 급변하는 것도 보았지만, 서로 처지가 바뀌어서 나 자신도 국제적인 명성의 눈사태에 휩쓸려 가는 것을 한순간도 바라지 않았다. 나는 가정을 지킬 수 있었고 그래서 정상까지 가지 않은 점에 대해 기쁘게 생각한다. 힐러리는 정상을 가기에 적합한 인물이었다. 나는 그가 가졌던 외교적 기술을 갖지 못했다.

힐러리는 천부적으로 다른 친구들보다 훨씬 뛰어났다. 그는 거인에다 다정했고, 넓은 가슴에 깡말랐지만 에너지와 유머 감각이 넘쳤다. 그에게 명성이란 큰 충격과도 같았다. 힐러리는 패기만만해서 잠시도 가만히 있지 않았지만 원정등반에서 걷는 구간을 싫어했다. 에베레스트 이후에 굉장한 도약을 이루었는데 그는 기본적으로 항상 모험심과 '흥'(달리 더 잘 표현할 말이 없다.)이 있었다. 힐러리는 빙하에 올라가 있든, 곤돌라(이탈리아의 배)에 올라가 있든 같은 식으로 행동했다. 나는 여러분에게 다음 이야기를 들려주고 끝을 맺겠다.

1953년의 에베레스트 원정 전 비교적 단순한 일상에 있을 때 힐러리와 나는 에베레스트 탐험가인 노장 에릭 쉽턴과 초오유 원정대에 함께 참가했다. 이 긴 원정이 끝날 무렵 우리는 네팔의 정글을 뚫고 큰

강의 둑을 따라 인도 국경으로 가야 했다. 여섯 달 동안 계속 도보로 수백 킬로미터를 답파했다. 경치가 아름다웠지만 우리는 휴식과 고국에서의 편안함을 갈망하고 있었다. 쉽턴은 잘 구워진 훈제 청어가 제일 먹고 싶다고 늘 말하곤 했지만, 힐러리와 나는 바비큐가 있는 저녁 만찬을 상상하며 이야기를 나눴다. 우리는 또 강둑 옆으로 난 굽은 길을 걸으며 그 고요한 강을 배로 가볼까 하는 이야기도 했다. 뗏목은 없었지만 그 아이디어가 상상을 자극해서 땀을 흘리며 흘러가는 강물 옆을 걷는 동안 우리는 편안하고 시원하게 뗏목을 타고 내려가는 상상의 나래를 폈다.

힐러리는 항상 꿈을 현실로 빠르게 바꾸었는데, 비가 와 불어난 강에서 저녁에 먹을 감는 대신 우리는 에어 매트리스에 공기를 주입해서 강으로 노를 저어 나갔다. 매트리스 하나만 띄웠을 때는 불안정하고 뒤집히기 쉬웠지만 앞뒤에 등반용 로프를 묶어 막대 두 개씩 여러 개를 나란히 연결하니 조잡스럽긴 해도 안정적인 뗏목이 되었다. 70센티미터 매트리스에 나란히 누워 매트리스 사이로 난 틈을 이용해 각자 노를 저었다. 이 괴상한 뗏목을 시범적으로 띄워본 다음 결심했다. 이제부터 한 걸음도 더 걷지 말고 이 뗏목을 타고 강을 내려가자!

후텁지근한 밤이었다. 우리는 새벽 4시에 일어났다. 시원할 때 움직여야 했기 때문에 그것은 습관이었다. 칠흑 같은 어둠이 회색으로 밝아올 무렵이던 4시 반에 출발했다. 기름을 바른 듯 매끄럽고 빠르게 흘러가는 강물은 어두컴컴한 데서 보니 굉장히 위험해 보였지만, 쉽턴과 우리 셰르파들에게 사전에 계획을 자랑한지라 다른 선택의 여지가 없었다. 가야 했다. 우리는 조잡하게 만든 뗏목을 끌고 물이 허리까지 차오르는 곳까지 갔다. 30분 동안 불어난 강물을 타고 내려가면서 강이 구부러지는 곳을 돌아 갈 때마다 웃고 소리치며 굉장한 흥분에 싸여 갔다.

주변의 산이 점점 좁아져 협곡이 되는 곳에서 힐러리가 "무슨 소리 들리지 않아?"라고 말하는 걸 듣고 나는 귀를 바짝 기울였다. 곧 강물이 우르릉거리는 소리를 내는 것을 듣고 필사적으로 강가를 향해 노를 저었다. 물살이 거세지면서 뗏목이 물살에 떠밀려 삐죽이 나온 강둑 주변으로 떠내려갔는데, 그곳에서 쉽턴이 미친 듯이 우리에게 손을 흔들고 있었다. 강물은 쉴 새 없이 포효했고 점점 물소리가 커졌다. 강물이 앞쪽의 거대한 절벽에 부딪혔다가 좁은 폭포로 사라지는 것이 보였다. 힐러리는 노를 옆구리에 꽉 붙들고 소리쳤다. "무슨 일이 일어나든 뗏목에 매달려. 살 길은 그것뿐이야!"

뗏목이 물 위로 껑충 튀어 오른 다음 매끈한 바위로 돌진했다. 우리는 부딪치는 충격을 줄이려고 다리를 앞으로 쭉 폈지만, 파도가 벽에 부딪치면서 매트리스 뗏목이 뒤쪽의 파도에 갇히더니 매끈한 바위를 넘은 다음 소용돌이치는 물속으로 빠르게 떨어졌다. 우리는 절벽을 향해 노를 저었지만 물살이 우리를 다시 집어삼켰다. 다시 미끄러져 나갔다. 여섯 번이나 그 빌어먹을 소용돌이 주변을 맴돌았다. 겁은 먹었지만 우리는 둘 다 껄껄 웃었고, 힐러리는 "죽는 방법으로는 너무 고약한데!"라고 소리쳤다.

그런 다음 갑자기 놀라운 일이 일어났다. 소용돌이가 멎었고, 절벽으로 몰아치던 강물이 절벽 옆의 폭포로 넘쳐흐르더니 우리를 그쪽으로 내동댕이쳤다. 그러더니 이제 물이 떨어지는 절벽 끝 부분에 걸쳐서 다시 빙빙 돌기 시작하려던 차에 힐러리가 간신히 바위를 붙잡고 버텼다. 기적처럼 손이 닿는 곳에 로프가 흔들리는 것이 보였다. 나는 그것을 붙든 다음 올려다보았다. 쉽턴이 우리가 곤경을 당하는 것을 보고 우리 위쪽 넓적한 바위로 내려와서 로프를 던져준 것이다. 그의 목소리를 전혀 듣지 못했지만 10분 동안이나 우리에게 소리를 치면서 구조 로프를 흔들고 있었던 것이다. 그는 즉시 우리를 강물에서 끌어올렸다. 이렇게 우리는 흠뻑 젖고 겁먹은 상태로 운 좋게 살아난 적이 있다.

돌이켜보면, 조용한 남극대륙에서 보낸 시간보다 히말라야에서 보낸 여러 해가 더 즐거웠다. 나는 이것 또한 시끌벅적하도록 즐거웠던 친구들, 즉 셰르파들 덕분이라고 생각한다. 그들은 여러모로 때가 묻지 않고 굉장한 우정과 매력을 간직한 사람들이었다. 우리는 그들의 뛰어난 기술과 헌신 덕분에 에베레스트 정상까지 올라갈 수 있었다. 그들의 눈에 비친 우리 삶의 방식에 대해 그들이 했던 말 하나를 전하고 싶다. 창줍Changjup과 다와 텐징Dawa Tenzing이라는 셰르파 두 명이 영국에 왔을 때 런던을 지나가면서 이 위대하고 자부심 넘치는 도시를 어떻게 생각하느냐는 질문을 받았다. 다와는 "이 도시에서는 아무도 다른 사람들과 이야기하려고 발걸음을 멈추지 않더군요."라고 대답했다.

그들의 영웅은 다른 누구도 아닌 힐러리였다. 그는 네팔에서 그들의 삶을 개선하는 프로젝트에 일생을 바쳤다. 그는 평생 편지를 써왔는데, 언젠가 그가 남긴 이 글이 그를 너무나 잘 대변해주고 그가 어떤 사람이었는지를 잘 보여주고 있다.

나는 운이 정말 좋았고, 상당히 성공도 했고, 슬픔도 맛보았다. 미디어는 에베레스트 정상에 도달한 나를 영웅으로 대접했지만 나 자신의 능력은 중간 정도 되는 사람이라고 생각해왔다. 나의 성취는 풍부한 상상력과 넘치는 에너지의 결과물이었다.

나의 보잘것없는 등산화로 세계를 밟고 다녔고, 어두운 남극에도 겨울이 지나가면 붉은 태양이 지평선을 뚫고 나오는 것을 보았다. 분수에 넘치는 많은 즐거움과 아름다움, 웃음과 우정을 선물로 받았다. 그렇지만 가장 보람 있는 순간은 정상에 올라선 순간만이 아니었다. 출발할 때 눈물을 흘려주고 돌아올 때 환호해주는 사람들과 또 서로 신뢰하는 사람들과 맞잡은 손보다 더 좋은 것이 어디 있겠는가?

힐러리를 알았다는 것은 나에게 더할 나위 없는 영광이었다. 친해지면서 내 인생의 일부가 되면 좋겠다고 생각되는 사람들이 있는데, 그는 나에게 그런 사람이었다. 여러 해가 지나자 에베레스트 친구들은 우리를 떠났다. 산은 잔인했다. 강인했던 톰 보딜런은 고작 3년 후 알프스에서 등반하다가 죽었다. 1962년 윌프리드 노이스가 추락해 죽었을 때 나도 파미르 고원에 있었다. 비극적으로 끝난 짧은 인생이었지만 산이 그에게 즐거움을 주었다면 그는 기꺼이 그 대가를 치렀을 것이라고 생각한다. 2008년, 힐러리 역시 평화롭게 우리 곁을 떠났다. 그 이후 아이스 폴을 함께 올랐던 젊은 조지 밴드와 마이클 웨스트매컷도 마지막 여정에 올랐다. 내가 마지막으로 남은 사람이다. 나도 건강이 빠르게 나빠지고는 있지만 추억을 떠올릴 때마다 굉장한 마음의 안식을 갖게 된다.

에베레스트는 여전히 굳건하게 버티고 있다. 그 산의 사면과 능선이 등산가들 때문에 종종 어지럽혀지기도 하고, 앞으로도 그럴 것이다. 아마 이것은 어느 정도 우리들에게 책임이 있기도 하다. 우리가 문을 열고 길을 보여주었으며, 사람들이 불가능하다고 생각하던 것을 가능하다고 믿게 해주었다. 우리는 불안감을 극복하고 너무 어려워서 생명의 위협을 받는 공포감도 이겨나가면서 환희를 경험했다.

우리는 그곳에 가기를 선택했고 바로 그렇게 했다. 우리만큼의 능력이 있는 다른 사람들이 포기하거나, 자신의 능력에 회의를 가지기도 하며, 날씨 때문에 좌절하거나 체력이 고갈되어 돌아섰을 때 우리는 모두 위험을 무릅쓰기로 한 것이다. 운이 좋았고 무사히 돌아오는 축복을 받았다. 우리와 같은 성취는 탐험을 사랑하는 사람들이 있는 한 계속될 것이라고 믿는다. 사람들이 눈을 들어 정상을 우러러보는 한, 그리고 우리가 했던 것처럼 단순한 방식으로 위를 보면서 천천히 그러나 확실히 한 걸음 한 걸음 도전하는 한, 우리와 같은 성취는 계속될 것이다.

PORTFOLIO

정상 너머

166-169page 남동릉의 8,320미터에서
힐러리와 텐징이 올라오기를 기다리고 있다.
그들이 우리에게 올라오고 있는 모습이
보였다. 나는 앞쪽에서 계속 나아가면서
발 디딜 자리를 깎아냈고 마침내 그들이

텐트를 칠 만한 자리를 찾았다. 그곳에
그들을 남겨두고 내려왔다. 힐러리와 텐징은
두 시간 동안 있는 힘을 다해 얼음과 돌을
평평하게 골라내고 9캠프를 설치했다.
그곳은 가장 높은 캠프였고, 8,500미터

지점에 있었다. 텐징은 닭고기 면 수프를
끓였다. 그들은 정어리와 대추야자와 꿀을
먹고 뜨거운 레모네이드를 마신 다음, 눈을
좀 붙이려고 애썼다. 다음 날 6시 30분
그들은 정상으로 출발했다.

5월 29일 세계의 지붕에서 텐징이 깃발이 매달린 피켈을 들고 서 있다.
UN과 네팔, 인도와 대영제국의 깃발이었다. 사실 원정대는 조그만
UN 깃발만 갖고 네팔에 들어갔다. 아무도 영국 국기를 가져갈 생각을
하지 못했다. 텐징의 피켈에 매달린 깃발은 카트만두의 영국 영사관
자동차에서 떼어낸 것이었다. 이 사진은 힐러리가 찍었다.

텐징은 조용히 기도를 올렸다. "투지 체이, 초모룽마Thuji Chhey, Chomolungma.(감사합니다,
초모룽마.)" 힐러리는 정상에서 처음 느낀 감정이 안도감과 자신이 그곳에 운 좋게 도착했다는 약간의
놀라움이 뒤섞인 것이었다고 말했다. 세계에서 가장 높은 산에 대한 경의를 표한 다음, 레모네이드를
너무 많이 마신 탓인지 힐러리는 그곳에서 소변을 볼 수밖에 없었다고 한다. 정말 안도감이 들긴 했나
보다. 그들은 15분 동안 정상에 머물렀다. 텐징은 줄에 묶인 깃발을 눈 속에 묻었다.

172page 힐러리는 정상에 도착해서 그곳이 정상이라는
증거로 사방 아래에 보이는 모든 능선을 촬영했다.
정상에서 북쪽으로 능선이 급격하게 떨어지면서
티베트의 롱북 빙하가 흘러가는 광경이 보인다. 그리고
동쪽으로는 멀리 마칼루와 칸첸중가가 보인다.

173page 등정에 성공한 다음 로체
사면을 지나 전진캠프의 동료들에게
내려가고 있는 텐징의 모습을 내가
찍었다.

174-175page 4캠프에서 텐징과 힐러리가
등정 축하의 차를 마시고 있다. 힐러리는 톰
스토바트의 컵으로 레모네이드를 마셨다.
우리의 이름이 각자의 머그잔에 페인트로
쓰여 있었지만 세르파들이 영어를 읽지
못해서 나중에는 구분하지 않고 사용했다.

176page 텐징이 4캠프에서 기다리던 모든
사람에게 따뜻한 환영을 받을 때 뒤따라 도착한 조지
밴드가 텐징과 악수를 하고 있다.
177page 자신의 트레이드 마크가 된 털실 방울이
달린 모자를 쓴 그레고리가 힐러리와 함께 산책을
하고 있다. 보딜런이 뒤에서 따라오고 있다.

4캠프에서 스토바트와 그레고리가 "에베레스트의 타이거들"인 셰르파들의 사진을 찍었다. 이 놀라운 셰르파들이 노이스, 와일리와 함께
사우스 콜에 갔다. 위쪽의 사진이 바로 그때 촬영한 것이다.
앞 줄(왼쪽에서 오른쪽으로): 노이스, 푸 도르지Phu Dorji, 앙 다와Ang Dawa, 다와 톤듭Dawa Thondup, 앙 남걀Ang Namgyal,
앙 템바Ang Temba, 곰푸Gompu, 파상 다와Pasang Dawa, 톱키이Topkie, 앙 다와2Ang Dawa2, 앙 쩨링Ang Tsering, 와일리
뒷줄(왼쪽에서 오른쪽으로): 앙 도르지Ang Dorji, 펨바Pemba, 파상 푸타르Pasang Phutar, 다 텐징Da Tenzing, 앙 텐징Ang Tenzing,
앙 노르부Ang Norbu, 가얄젠Gayalzen, 안눌루Annullu

6월 2일 베이스캠프의 본부 텐트에서 저녁을
먹은 다음 대관식 뉴스를 들으려 라디오를 켰는데
우리의 에베레스트 등정 뉴스가 방송되는 것을 듣고
어리둥절했다. 여기 사진에 밴드와 힐러리, 에번스,
워드, 스토바트가 있다. 럼주를 한 잔 해서 기분이
좋았지만 상상도 못 할 만큼 지쳐있었다.

श्री तेन्जिङ शेर्पा को स्वागतम्
राकीबजार

180page 1953년 6월 카트만두에 돌아오니
도시 전체가 열광의 도가니였다. 수만 명의
사람들이 영웅을 숭배하려는 듯 환호하면서
텐징을 맞이하러 나왔다. 거리 곳곳에 텐징이
네팔 국기를 들고 에베레스트 정상에 서 있는
그림과 힐러리가 정상에 올라오도록 도와주는
그림이 그려진 현수막이 걸려 있었다. 현수막에는
"환영 텐징, 세계 최초의 에베레스트 정복자"와
"텐징 만세, 세계의 스타"라고 쓰여 있었다.
군중이 늘어났고 함성은 귀가 먹먹할 지경이었다.
우리는 먼지가 이는 길을 나와 왕궁에 가서
연회에 참석했고 텐징은 말이 끄는 왕의
마차를 타고 행진했다. 우리는 지프를 타고
뒤를 따라갔다. 나는 수염은 덥수룩하고
꼬질꼬질한데다가 너덜너덜한 셔츠를 입고
테니스 신발을 신은 채 이 광경을 촬영하려 차
위에 올라탔다. 우리는 운 좋게도 곧 빠져나와
목욕도 하고 약간의 식사도 할 수 있었다.

181page 7월 1일 비행기를 타고 인도에서
영국으로 갔는데, 그곳에서 수많은 사교
파티에 참석했다. 원정대를 후원했던
에딘버러Edinburgh 공과 저녁 식사를 했다.
이 사진에서 힐러리와 텐징 사이에 그가 서
있다. 이 사진은 랭카스터 궁에서 영국 정부가
주최한 파티 도중 찍은 것이다.

182-183page 1953년 8월, 이번에는 뉴질랜드 크라이스트 처치 시에서 주관하는 환영회가 있었다. 오찬 모임이 있고 나서 힐러리와 나는 두근거리는 가슴을 안고 유나이티드 서비스 호텔 난간으로 나갔다. 환호하는 인파가 마치 럭비 경기장에 모인 사람들처럼 많았다.

184page 뉴질랜드로 돌아오는 비행기에 탔을 때 항공사는 우리에게 거대한 케이크를 선물했다. 우리는 스펀지케이크에 에베레스트 모양의 얼음으로 장식된 케이크를 잘랐고 승객들과 나누어 먹었다. 힐러리는 단 음식을 정말 좋아했다. 그가 위쪽에서 잘라낸 큼직한 케이크 조각을 먹을 때 얼마나 즐거워했는지 모른다.

185page 1953년 8월 오클랜드로 돌아오니 거대한 인파가 우리를 맞이하러 나와 있었다. 힐러리가 초등학생들에게 참을성 있게 사인을 해주고 있다. 그는 나중에 이 사진에 사인해서 나에게 주었고 내가 그를 놀리자 한 번 더 사인했다. 우리는 스스로 영웅이라고 생각하지 않았지만 우리가 받은 따뜻한 환호에 고무되었다. 고향에 돌아오니 정말 좋았다.

186page 엘리자베스 여왕이 검은
롤스로이스의 뒷좌석에 탄 것이 보인다.
여왕은 우리의 영화 〈에베레스트 정복〉을
보기 위해 1953년 10월 21일에 열린 왕실
시사회에 도착했다. 그날 밤 런던의 워너 극장
바깥에 모인 환호 인파는 어마어마했다.

187page 1954년 텡보체 사원에 갔을 때 우리는 세르파
친구들 몇 명을 다시 만날 수 있었다. 우리는 엘리자베스
여왕이 사우스 콜까지 갔던 세르파들에게 특별히 하사한
대관식 훈장을 갖고 갔다. 파상 푸타르Pasang Phutar는 다른
원정을 하러 떠나있어 그의 큰아들이 훈장을 대신 받았다. 이
행사는 모두를 즐겁게 했다.

CHAPTER
4 | 회상

그것이 정말 가치가 있었던가? 물론 그 모험에 참가했던 우리에게는 의심의 여지가 없다.

우리는 숭고한 노력을 함께했다. 서로 간에 영원한 동료애를 쌓았고

그 동료애가 무르익어 위대한 성취를 이루었다.

우리는 에베레스트에서 보냈던 그 위대한 순간들을 잊지 않을 것이다.

존 헌트John Hunt, 1953

THE ✦ TIMES
EVEREST
COLOUR SUPPLEMENT
LONDON   1953   PRICE 3s. 6d.

COMPANIONS IN ACHIEVEMENT

Sir Edmund Hillary and Tensing Norkey, G.M., who together climbed Everest on Friday, May 29, 1953.

미지의 세계로

라인홀드 메스너Reinhold Messner

● 조지 로우는 정말 운이 좋은 사람이다. 그는 히말라야의 황금시대에 활동했으며 야생의 자연이 살아 있는 나라에서 자랐다. 그는 체격이 좋은 뉴질랜드 출신으로, 거친 히말라야 도전에 앞서 고국의 산에서 비슷한 경험을 쌓을 수 있었다. 20년 후인 지금 우리들도 자주 고산에 갈 수 있게 되었지만, 그 산들은 이미 조지와 힐러리 시대와 같은 중요성을 갖고 있지 않다. 너무 많은 등정이 이루어졌고, 몇몇 전위적인 등반은 우리들의 몫이 아니었다.

그들은 불가능한 것을, 최소한 불가능하다고 여겨졌던 것을 해결해냈다. 장벽이 무너졌고 그들은 세계의 정상에 섰다. 1953년의 마법과 같던 그 순간부터 우리 모두는 그들이 지나간 발자취를 따라가도록 운명지어졌다. 당연히 우리는 그것을 거부하고 대담하게 새로운 길로 가거나, 거대한 벽에 새로운 루트를 내며 새로운 희망을 품고 처음 보는 정상을 오르기도 했다. 지금 우리들은 에베레스트를 모든 방향에서 등정하는 것이 가능한 시대에 살고 있다.

나는 에베레스트와 초오유, 마칼루에서 등반하면서 황금시대의 젊은 뉴질랜드 청년들에 대한 존경심을 키워왔다. 나는 곧 규모를 최소화해서 비용이 적게 드는 나만의 스타일을 찾았다. 등반 파트너를 찾아보기도 했다. 그리고 나만의 스타일을 발견한 그 순간부터 나는 원정 자금을 조달할 수 있었다. 내 방침은 함께 가서 일단 도전해보자는 것이었다. 실패해도 뭔가 배울 것이 있을 것이고, 배우고 돌아오면 되는 것이다. 나의 원정은 자금이 적게 들었기 때문에 실패해도 후유증이 적었다.

이와는 달리 1953년의 에베레스트는 막대한 비용이 드는 거대한 프로젝트였다. 대장이었던 존 헌트는 조지 로우에게 로체 사면의 루트 개척 임무를 주었다. 그는 나중에 "로우는 11일간에 걸쳐 그 임무를 완수해냈는데 그 기간은 끈기와 기술의 서사시적인 위업으로 등반

의 역사에 기록될 것이다."라고 썼다. 사실 로우가 정상 공격조로 선발될 기회도 있었다. 몇몇 사람들이 고소에서 움직이지 못했지만, 조지는 잘 적응했다. 또한 힐러리와 텐징이 쉽게 남동릉에 올라설 수 있도록 얼음에 발 디딜 곳을 깎는 고된 일을 했던 3인조에서 제일 강인한 대원이기도 했다. 로우는 정상에서 불과 300미터의 고도 아래쪽에 두 사람이 머무를 마지막 캠프를 만들었다.

그는 처음부터 고소캠프로 올라가는 대원은 아니었다. 그런데도 허벅지까지 파묻히는 눈 속에서 루트를 개척하는 육체적 고통을 견디어냈다. 근래의 등산가들 사이에서도 '죽음의 구간'이라고 불리는 그곳에서 정신적 고통도 겪어야 했다. 게다가 그곳은 당시에 미지의 구간이었는데 그가 사상 최초로 루트를 개척했던 것이다. 그날 그가 홀로 고군분투한 결과가 너무나 엄청난 것이어서 당시 런던의 어떤 신문은 로우를 원정대의 "첫 번째 영웅"이라고 부르기도 했다.

1953년의 초등 60주년을 맞이하여 우리는 당연히 이 사람들을 기억하고 기려야 한다. 그들은 자신들의 산에 대한 확고한 신념과 철학을 갖고 있었기 때문에 후세의 등산가들에게 영원히 존경받아야 할 위대한 별로 남게 될 것이다. 그들은 역동적으로 미지의 세계를 올라갔다. 우리가 조지 로우와 같은 사람들의 정신과 열정을 따른다면 전통적인 등반은 영원히 계속될 것이다.

● 나도 이제 내 자신이 했던 등반을 돌아보고 등반이 어떻게 변해왔는지를 돌이켜볼 나이가 되었다. 나는 8천 미터 급 고봉을 전부 올라서 유명해졌다. 나뿐만 아니라 힐러리도 분명히 느꼈겠지만 명성은 멋진 기회를 가져다줌과 동시에 새로운 어려움과 유혹도 가져다주었다. 자신이 옳다고 생각하는 것을 고수하고 산이 내가 존재하는 이유라는 생각을 변함없이 견지하는 것은 힘든 일이었다.

189page 에베레스트에서 사진을 찍고 촬영한 것은 조지에게는 예상치 못한 명예이자 즐거움이었다. 몇 년 후 그는 영국 남극 횡단 원정대에 카메라맨으로 참가하여 남극점을 밟았다.

190page 에베레스트 원정대의 주 후원사였던 『더 타임스』는 1953년 9월 원정대 사진을 모아 부록을 냈다. 그 가운데 한 권에 원정대원들이 사인을 해서 조지 로우에게 주었다.

사람들은 내가 이루어낸 1980년의 에베레스트 북동릉 단독 등반을 그 자체로 혁명적이라고 말한다. 세계 최고봉을 단독으로 무산소 등정했기 때문이다. 나는 그 등반을 위해 평생을 노력했다. 그 과정은 가능성이 있어 보이는 등반을 내 스타일로 확고하게 만들어가는 일이었다. 새로운 일과 내가 한계라고 두려워했던 일들을 뛰어넘어서 한 번도 해보지 않았던 도전을 힘껏 해보고 싶었다. 등반은 나에게 곧 삶이다. 나는 등반하는 과정에서 내 자신의 등반에 대한 가치관을 확고히 할 수 있었다. 그렇지만 이 모든 것에도 불구하고 여전히 에베레스트에는 감당하기 힘든 것들이 있다. 산에서는 우리 능력 밖의 일들이 항상 일어난다는 것을 안다면 산에 대한 경외심을 갖지 않을 수 없다.

우리는 스스로를 시험하기 위해 산에 간다. 산은 위험하다. 우리가 산에서의 위험을 간과한다면 그 자체가 바로 위험이다. 그렇지만 산은 사람들이 갈 때만 위험하다. 산은 그저 산이며 그 자체로 흥미롭고 영원하다. 산은 얼음과 눈의 거대한 덩어리이며 우리가 그곳에서 등반할 때만 위험하다. 위험이 없는 산은 더 이상 산이 아니며, 연습용 암장이나 스포츠 경기장이 되고 말 것이다. 대자연 속에서, 야생 속에서 하는 등반은 위험할 수밖에 없다. 그래서 우리는 배울 게 있고 자신의 공포를 조절할 수도 있으며, 스스로 결정을 내리고 자신의 행동에 대한 책임을 질 수도 있다. 우리보다 강인한 누군가는 높은 산을 오를 수 있을 것이고, 우리보다 능력이 더 적은 누군가는 그보다 작은 산을 선택할 것이다. 그러나 여기서 가장 중요한 핵심은 자기 자신에 대해 완전하게 책임지는 것이다.

에베레스트 등반은 여전히 자신의 책임하에 이루어진다. 과거에 에베레스트가 가졌던 명성은 위험과 열정, 오랜 기간에 걸친 노력과 훈련과 고통 위에 이루어진 것이다. 오늘날 많은 사람이 그 명성을 다른 투자 없이 돈만 내면 얻을 수 있다고 생각한다. 너무나 많은 사람이 고정로프와 고용한 가이드의 도움으로 에베레스트를 오르고 싶어

하는데, 나는 그것이 스포츠정신 면에서 전반적인 퇴보라고 생각하긴 하지만 또 그리 큰 문제라고도 생각하지 않는다. 에베레스트는 명성을 드높일 수 있는 산이며, 또한 휴가철에 비싼 돈을 내고 받을 수 있는 상이 되었다. 생존에 필요한 경험을 얻거나 개인적인 책임을 질 필요가 없다. 그것이 문제인가? 그렇지 않다. 그저 바보스러운 일일 뿐이다.

우리의 꿈과 열망의 상징으로서 에베레스트가 가진 진정한 가치는 우리가 그 산에 접근하는 방식에 따라 결정된다. 위험은 산의 핵심적인 부분이다. 사람들이 위험을 회피하고자 하는 것은 당연하다. 사람들은 남의 도움으로 등반을 하고 남이 개척해 놓은 길을 가면서, 경험을 얻는 것이 아니라 기록을 얻고자 한다. 사실 얼마나 높이 가고 얼마나 빨리 가고 또는 얼마나 난이도가 높은 등반을 했느냐는 중요하지 않다. 이동한 거리나 난이도보다 방식이 훨씬 중요하다.

나는 여러 해 동안 유럽에서 등반한 다음 1970년에 파키스탄의 낭가파르바트에 갔다. 나는 루팔 벽을 오르고 싶었다. 동생 귄터 Günther와 정상에 올랐지만 어쩔 수 없이 아무도 가본 적 없는 디아미르 벽으로 내려와야 했고, 그곳에서 귄터가 눈사태에 휩쓸려 죽는 비극을 경험해야 했다. 이 첫 번째 원정에서 내가 배운 가장 큰 교훈은 죽음에 관한 것이었다. 사실 나는 깃발을 가져가는 것도 잊어버렸다. 낭가파르바트 정상에서 깃발 대신 날릴 것이라고는 손수건밖에 없었는데, 나 자신의 개인적 성공을 축하하기 위해 손수건을 사용했다는 점이 아직도 자랑스럽다. 등반의 동기는 자신의 한계를 시험해보고자 하는 열정에서만 나와야 한다. 우리는 모두 각자의 한계를 갖고 있고 그 한계를 넘어보려 시도하면서 인간의 본성을 발견하는 것이다.

우리 등산가들은 꿈을 꾸는 사람들이다. 그 꿈이 강렬하고 그 꿈을 이루기 위해 도전할 용기가 있다면 그 꿈은 행동으로 옮겨지게 된다. 위험한 곳에 가더라도 안전하게 돌아오려고 노력하는 것, 그 자체

가 의미 있는 것이다. 정상에 올라가는 것이 아니라 안전하게 돌아오는 것이 진정한 보상이다. 산에서 이룰 수 있는 성공이 무엇일까? 그것은 돌아오는 것이다. 나는 8천 미터 급 고봉에 30번 도전했고 12번 실패했다. 실패가 없었다면 나는 거만하고 자신만 생각하는 사람이 되었을 뿐만 아니라 아마 살아 있지도 못했을 것이다.

　　나이가 들어감에 따라, 이제는 다소 낮은 산을 오르거나, 작은 빙원을 가로지르는 스키를 타거나, 사막을 횡단하고 싶다. 지도 제작

자들이 뭐라고 말하건 간에 이 세상에는 미지의 세계가 너무 많다. 나는 점점 더 규모를 줄여가면서 탐험을 하려 한다. 미지의 세계로 갈 때도 전화를 가져가지 않으려 한다. 전화가 있다면 내가 원하는 고독과, 자연과 일치된 느낌을 망칠 것 같기 때문이다. 이것은 내가 스스로 부여한 규칙이다. 우리는 남이 정한 규칙에 따르기보다 자신만의 규칙에 따라야 한다. 나는 배낭 하나만 메고 6개월 정도를 미지의 세계에서 보낼 것이다. 그때는 내가 어디에 있는지 아무도 모를 것이다.

5월 17일 노이스와 로우가 7,310미터에
7캠프를 설치했다. 그들의 조그만 텐트가
거대한 빙탑 뒤 눈으로 된 조그만 테라스
위에 박히듯 세워져 있다.

가능성의 세계

노르부 텐징 노르가이Norbu Tenzing Norgay

● 어릴 때 아버지의 무릎 위에 앉아서 아버지와 힐러리 경이 세계 최고봉에 오른 이야기를 들었던 일들이 아직도 생각납니다. 그때 저는 전율을 느꼈습니다. 이제 쿰부 아이스 폴과 로체 사면, 사우스 콜, 힐러리 스텝 등의 이름은 전설이 되었습니다. 힐러리 경과 우리 아버지는 그 성스러운 산에 처음 오를 사람으로 가장 합당한 사람들이기도 했지만, 에베레스트에 오른 이후에 그들이 살아온 삶이야말로 가장 의미 있는 위업이었습니다. 1953년 5월 29일 오전, 힐러리 경은 정상에 서서 발아래 펼쳐진 광경을 바라보고 "세상 전체가 거대한 입체 지도처럼 펼쳐져 있었다."라고 했습니다. 그들이 돌아오자, 전 세계는 그들을 영웅으로 대접해주었습니다.

힐러리 경은 다른 사람이 가지 않은 길을 갔으며, 그것은 그에게 평생 진정한 즐거움을 안겨주었을 것입니다. 그는 베푸는 것의 진정한 의미를 철저하게 몸으로 보여주었으며 그 대가로 아무것도 요구하지 않았습니다. 그의 다정한 벗 조지 로우도 이 자랑스러운 위업이 계속 이어지도록 하는 데 중요한 역할을 맡아주었습니다. 정말 힐러리만큼이나 정이 많은 사람입니다. 이런 의미에서 그의 공적 또한 잊히면 안 될 것입니다. 1993년 에베레스트 등정 40주년을 기념하여 영국 런던과 스노도니아Snowdonia에서 열린 행사에 저는 가족을 대표해서 참석한 적이 있었습니다. 아버지가 안 계신 상황에서 그 원정대의 대원을 만나는 것은 처음이었습니다. 조지와 그의 부인 메리와 함께 저녁 시간을 보낼 때 조지가 우리 아버지와 에베레스트에서 함께 등반하며 겪은 일들을 이야기해주었는데, 즐겁게 들었습니다. 조지 부부는 두 분 다 격식을 따지지 않는 솔직한 사람들이었고 네팔 사람들에 대해서도 깊은 배려가 있었습니다. 그들은 분명 전생에 셰르파였을 것입니다.

아버지와 런던에 있을 때와 1969년 쿰부에 갔던 잊지 못할 추억을 회상해봅니다. 저는 그곳 에베레스트의 사면에서 일곱 번째 생일 축하를 받았는데 그때 처음 에베레스트를 보았습니다. 나중에 영국에 가서야 1953년의 원정이 성취해낸 것의 진가를 알게 되었고 그들이 이루

어낸 발자취를 따라가는 사람들의 원정에도 어떤 의미가 있는지 알게 되었습니다. 아버지는 에베레스트 원정대원들이 에베레스트를 정복했다고 말한 적도 없고, 그렇게 생각한 적도 없다고 했습니다. 그들에게는 등정이 순례보다 더 성스러운 일이었을 것입니다. 등정은 아래쪽 세상에서 중요한 일이라고 여길 만한 일을 하는 것이기도 하지만 동시에 우리의 신에게 더욱 가까이 다가갈 기회이기도 합니다.

우리 셰르파들은 여전히 조지와 같은 사람들에게 깊은 존경심을 갖고 있습니다. 그가 우리 민족에게 보여준 우정과 그 자신이 정말 중요하다고 생각했던 가치를 세상과 나누고자 했던 헌신적인 자세는 너무나 존경스럽습니다. 힐러리 경이 시작했던 사업이 계속 이어지도록 여러 해 동안 조지 부부는 히말라얀 트러스트의 활성화를 위해 정열을 바쳤습니다. 힐러리 경 혼자서는 불가능했던 일을 조지 부부와 같은 사람들이 그 큰 뜻을 위해 자신들의 시간과 노력을 바쳐서 가능하게 했던 것입니다. 저는 개인적으로는 에베레스트에 오르고 싶다는 생각을 해본 적이 없습니다. 우리 일가친척 중 12명이 에베레스트에 오른 바 있지만 아버지는 매우 겸손하셨고 본인뿐만 아니라 집안의 명성을 자랑하지도 않았습니다. 그래서 우리는 아주 평범한 삶을 살았으며 아버지를 굉장히 자랑스럽게 생각하게 되었습니다. 우리도 우리 집안 나름의 조촐한 방법으로 아버지의 정신적 유산이 이어지도록 노력하고 있습니다.

지난 반세기 동안 셰르파들의 생활에 근본적인 변화가 일어났습니다. 힐러리 경이 셰르파들에게 자신이 무엇을 해주기를 바라는지 물어보자 그들은 "우리 민족은 눈이 있지만 읽을 수가 없습니다."라고 말했다고 합니다. 그 후 셰르파들에게는 두 세대 동안 현기증 날 정도로 큰 변화가 일어났습니다. 오늘날 거의 7천 명의 학생들이 63개의 학교에 다니게 되었습니다. 또한 십여 곳에 진료소가 있고 두 곳에 병원이 있습니다. 많은 나무가 심어졌고, 안전한 식수 시설이 마련되었으며, 다리와 수 킬로미터의 산길이 정비되었습니다. 그리고

194page 1953년 조지와 텐징 노르가이가 사우스 콜의 텐트에서 거센 바람을 피하고 있다. 며칠 후 텐징은 힐러리와 함께 정상에 올랐다.

195

이런 근본적인 변화보다 더 소중한 점은 힐러리 경이 여러 세기 동안 전해 내려온 우리들의 전통을 존중해주었으며 이 전통이 보존되도록 배려했다는 점입니다. 전통은 우리 셰르파의 일상에 핵심적인 요소입니다. 저는 17년 동안 미국 히말라야 재단과 함께 일을 하면서 힐러리 경과 그의 팀원과 같이 일하는 특혜를 누렸습니다.

우리가 50주년 기념식을 위해 런던에 가려고 카트만두에서 출발했을 때, 기장은 우리를 위해 특별히 에베레스트 가까이로 비행해주었습니다. 힐러리 경이 특유의 미소를 지으며 창밖을 보았고, 그가 에베레스트에 처음 갔을 때 걸어서 지나갔던 마을들을 가리키던 것이 기억납니다. 분명 힐러리 경은 아마 그 산으로 가는 새로운 루트를 생각하고 있었거나 아이들에게 배움의 기회를 확산시키기 위해서 학교를 어떻게 키울 것인지를 생각하고 있었을 것입니다. 그가 정상에서 세상 전체를 입체 지도처럼 생생히 볼 수 있었다고 말한 순간, 그는 셰르파들과 그의 성공에 영감을 얻을 수많은 사람에게 가능성이라는 이상을 갖게 해주었습니다. 이렇게 그의 삶은 우리 모두에게 영향을 주었습니다.

196page 눕체 아래에서 원정대가 알려지지 않은 빙하와 산 하나를 발견했다. 그들은 그 산을 오르고 "추쿵피크Chukhung Peak"라고 불렀다. 1953년 4월 3일 텐징이 추쿵피크 정상에 서 있다.

197page 텡보체 사원은 히말라야에서 가장 아름다운 곳 중 하나인데, 많은 사람들이 이곳에서 행복한 감정을 느낀다.

오늘날의 거벽

켄턴 쿨Kenton Cool

● 에베레스트는 특별한 산이어서 다른 어떤 산보다도 더 많이 이야기되고 글로 써졌다. 감히 그 산을 올라가려는 사람들에게 주어지는 보상은 클 수도 있지만, 실패하면 그 상처 또한 깊다. 우리 모두는 에베레스트에 무엇이 있고, 그 산이 무엇을 상징하는지를 잘 알고 있다. 그 장엄한 산에 올라가기를 꿈꿔보지 않았다고 말하는 등산가가 있다면 그 사람은 거짓말을 하는 것이다. 만찬 모임 같은 데서 옆자리에 앉은 사람에게 여러분이 등산가라고 말하면 누구나 여러분에게 에베레스트에 올라가고 싶은지 물어볼 것이다.

에베레스트는 다른 어떤 산보다도 내 삶을 정의해준 산이다. 전문 가이드인 나는 얼마 전까지 세계의 어느 지역보다도 에베레스트 베이스캠프에서 많은 시간을 보냈다. 에베레스트의 흡인력은 절대적이고, 그 산의 아름다움은 숭엄하다.

그러나 오늘날의 에베레스트는 1920년대의 초창기 등정 시도들과 사뭇 다르다. 그때의 원정대들은 산의 베이스캠프까지 가기 위해서도 오늘날 원정에 들어가는 시간보다 더 많은 시간을 들여 카라반을 해야 했다. 역사에서 보듯, 초창기의 원정대가 비록 정상에는 가지 못했지만 그들은 다음 사람들에게 도전의 기회를 주었다. 마침내 1953년의 원정대원들이 역사에 이름을 남겼다. 지금의 우리들은 그들의 뒤를 따라갈 뿐이다. 1980년 라인홀드 메스너가 에베레스트 최초의 무산소 단독 등정에 성공하고 나서부터 사람들이 이루고자 하는 성취의 수준이 한층 높아졌다. 메스너 다음부터는 불가능이라는 의문은 사라지고 단지 내가 그 등반을 할 수 있는지만 문제가 되었다.

몇몇 사람들은 에베레스트가 탐험가를 꿈꾸는 사람들에게 그저 이력 하나를 추가할 뿐이라고 생각하기도 한다. 사실 북쪽이나 남쪽의 에베레스트 베이스캠프 모두 온통 서커스장 같다. 기자와 영화 스태프가 북적이고, 유명 등산가들 간에 크리켓cricket 경기가 벌어지며, 초고속 인터넷에, 빵집에, 심지어는 위스키를 시음하는 텐트까지 세워졌다. 이 모든 것이 자신들의 꿈을 이뤄보려는 아마추어 원정대원과 등산가들이 뒤죽박죽 섞여서 일어나는 혼란이다. 이런 아마추어 원정대원과 등산가들도 가이드를 고용해서 등반 중에 안전상의 도움을 받고 자신의 경험 부족을 보완하려 한다. 그렇지만 에베레스트에서 돈으로 등정을 살 수는 없다.

에베레스트에서 가장 특별했던 시간이 언제였느냐고 물어보면 대부분의 사람들이 정상에 섰을 때를 말할 것이라고 예상하지만 사실은 그렇지 않다. 나에게는 어느 이른 아침 홀로 웨스턴 쿰에 있었을 때가 가장 특별했다. 어둠이 걷히기 시작하자마자 내려오던 중이었다. 찬 공기가 나의 폐 속으로 깊숙이 밀려들어왔다. 엷은 안개가 베일처럼 빙하에 드리워있었다. 내 등산화 바닥에서는 밤새 얼었던 눈이 뽀득뽀득 소리를 냈고, 대기는 수백만 개의 빛의 조각들로 가득해서 눈이 어지러울 지경이었다.

숨 막히게 아름다운 광경이었고 어떤 사람도, 어떤 소리도 그 마법을 깰 수 없었다. 내 팔다리는 지난 며칠 동안의 등반으로 지쳐있었고 돌아가겠다는 의지로 정신을 집중하고 있었음에도 주변의 아름다움에 완전히 홀려버렸다. 나는 천천히 1캠프로 돌아왔고, 안개가 걷히자 우리 팀 셰르파들이 올라오는 게 보였다. 보온병의 차를 나눠 마시고, 오랜 친구들이 길모퉁이에서 대화를 나누듯 이야기를 나누고, 편안하고 행복하게 그 자리를 즐겼다. 차를 다 마신 다음 작별인사를 하고 나서 나는 서커스장 같은 베이스캠프를 지나서 집으로, 사람들이 정상적인 생활이라고 부르는 그 생활로 돌아왔다. 에베레스트에 다녀온 다음 정상적인 생활이라는 것이 존재할까?

오늘날 이곳은 상업 등반대와 셰르파의 지원과 고정로프가 있고, 등반을 위해 비용을 지불하는 의뢰인의 세계라는 게 생겼다. 이것이 이 산에 오는 사람 대다수의 현실이고 이렇게 전개되는 것은 불가피한 일이다. 세계의 최고봉은 남의 도움을 받지 않고서는 스스로 오르지 못하는 많은 사람들이 꿈꾸는 곳이다. 그러나 엄청난 도움을 받으며 정상에 이끌려 올라간다고 해서 순식간에 대단한 등산가가 되는 것은 아니다.

우모복과 위성 일기예보 등 모든 현대식 장비에도 불구하고 에베레스트는 순식간에 사람을 죽일 수 있다. 여기 오는 사람들의 엄청난 집착은 치명적으로 어리석은 짓을 불러오기도 한다. 1996년 갑작스러운 폭풍으로 상업 등반대 두 팀이 조난당한 사고가 있었는데, 2012년 5월 19일에도 이 산에서 최악의 사고가 또 발생했다. 1996년에는 8명이 사망하는 비극이 발생했고, 2012년에도 4명이 희생되었지만 실제로는 그 때 그보다 훨씬 더 많은 사람이 죽을 수도 있었다.

2012년, 39팀에 600명에 달하는 사람들이 그 산에 도전하고 있었다. 갑작스러운 폭풍은 없었지만 위험지대에서 필요한 최소한의 기술도 갖고 있지 않은 무경험자들이 너무 많이 있었을 뿐이다. 출발할 때부터 정상에 오를 가능성이 적긴 했지만 올라갈수록 급격히 인원이 줄었다. 나중에는 정상 능선에서 일어난 '정체 현상traffic jam' 때문에 어떤 이는 죽어가고 있는 사람을 지나쳐서 정상에 가야 했고, 몇몇 사람들은 그 죽어가는 사람들이 도와달라고 외치는 것을 무시하고 오직 등정에 대한 자신의 욕망에만 충실했다.

이것은 내가 사랑하는 에베레스트의 모습이 아니다. 에베레스트를 오른 사람들이 그 산을 정복했다고 자랑하는 것은 상업주의의 또 다른 부작용일 뿐이다. 아무도 에베레스트를 정복하지 못한다. 오직 오르도록 허락해줄 뿐이다. 그 산에 완전한 경의를 표하고 겸손한 자세를 유지해야만 정상에 오를 수 있다.

셰르파 없이 에베레스트에서 할 수 있는 것은 거의 없을 것이다. 현대의 상업 등반대에서는 그들의 도움 없이 에베레스트를 오르는 것은 불가능하다. 자신의 영웅담을 이야기하는 서양 등산가 뒤에는 그들의 꿈을 가능하게 해준 셰르파들의 힘든 노동이 있었다. 그리고 셰르파들은 늘 산에 대해 경외심을 갖고 있다. 그들은 산에 제물을 바치고 기도를 드리며, 그 산이 보이는 곳에서 몸과 자세를 낮추고, 그 산에 서는 것을 자랑스럽게 생각하며, 그 산을 화나게 하지 않으려 노력한다.

나는 같이 일하는 셰르파들을 존경하지 않을 수가 없다. 그들은 열심히 자기 일을 해내고, 땀과 피를 흘리고, 절대 자신들이 하는 일에 대해 감사하라고 요구하지 않는다. 그들은 내 친구가 되었다. 그들은 내가 산에서 내 생명을 맡기는 친구들이며, 그들을 위해서라면 나 또한 어떤 위험도 무릅쓸 것이다.

나는 네팔 쪽 에베레스트에서 너무 여러 해를 보냈기 때문에 북쪽의 티베트 쪽으로 가서 초창기 원정대가 밟았던 발자취를 따라가 그들이 처음으로 보았던 그 계곡들을 탐험해보고 싶다. 그 곳에서 본 새로운 것을 내 것으로 만들고 그들이 본 것과 같은 것을 나도 보고 싶은 호기심이 있다. 그러나 거의 한 세기가 지난 지금 그때의 선구자들과 같은 입장에서 똑같은 경험을 하는 것은 불가능할 것이다. 세상은 너무나 많이 변했다.

그렇다고 지금 내가 다시 네팔 쪽 에베레스트 정상을 올라가야 하는 것일까? 나는 10번을 정상에 섰지만 그 산에 대한 사랑은 식지 않았다. 내가 이 산을 오랫동안 연인처럼 사랑해왔다는 사실을 숨기지 않겠다. 또한 내가 에베레스트와 관련된 사업을 한다는 사실도 부끄럽지 않다. 우리를 늘 위협하는 위험에도 불구하고 나는 그 산의 사면에서 즐겁게 지내고 있으며, 내가 소중하게 여기고 존경하는 사람들에게 둘러싸여 그들의 꿈이 이루어지도록 돕고 있다. 조만간 다시 에베레스트로 가게 될 것이다.

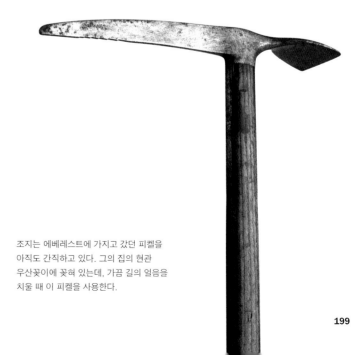

조지는 에베레스트에 가지고 갔던 피켈을 아직도 간직하고 있다. 그의 집의 현관 우산꽂이에 꽂혀 있는데, 가끔 길의 얼음을 치울 때 이 피켈을 사용한다.

놀라운 일들

피터 힐러리Peter Hillary

● 조지는 저의 아버지 힐러리를 항상 기분 좋게 해주었다고 합니다. 제가 그분을 돌이켜보면 그분은 이야기하고 사람을 웃기는 능력이 있었습니다. 멋진 재담꾼이었고 주위 사람들을 즐겁게 해주는 것을 정말 좋아했습니다. 조지의 이런 면이 우리 아버지와 두 분이 우정을 유지하는 데 정말 중요한 역할을 해왔다고 생각합니다.

조지는 저의 대부이고 제게 많은 조언을 해주셨으며 얼굴에는 항상 장난꾸러기 같은 미소를 띠고 계셨습니다. 한번은 조지가 자신의 부모님이 자기 이름을 놓고 의견이 맞지 않아서 이름은 조지 월래스 로우라고 정하고 집에서는 그냥 조지라고 부르기로 했다는 이야기를 해주셨습니다. 아버지가 너무 엄격해서 "내가 살아있는 동안은 월래스라고 부르면 안 돼."라고 하셨답니다. 그래서 조지가 되었는데 아버지가 돌아가시자 조지와 어머니는 함께 장례식장에 앉아 있다가 장례식의 마지막을 알리는 오르간 음악이 울리자 어머니가 조지를 보면서 "월래스, 이제 집에 가고 싶구나."라고 말했다는 이야기를 해준 적이 있습니다.

아버지와 조지는 히말라야와 남극대륙에서 여러 번 함께 원정을 한 적이 있습니다. 두 분은 서로를 너무나 신뢰했고 함께 있는 것을 정말 좋아했으며 눈 덮인 산에서 서로 로프로 몸을 묶고 있든, 다른 모험을 또 떠나기 전에 찻집에서 차를 마시든 간에 함께 있는 시간을 즐겼습니다. 두 분에게 1953년의 원정은 도전의 결정체였을 것입니다. 에베레스트 등반은 우리 인간의 한계에 도전하는 것이라고 말씀하셨습니다. 그들은 미지의 산을 올랐고 그렇게 하면서 우리 모두에게 한계가 없다는 것을 알려주었습니다.

그렇기에 오늘날까지 에베레스트 등정에 그렇게 중요한 의미를 부여하고 있는 것이 아닐까요. 1953년의 원정대는 인간이 시험에 들각오로 준비하고 단합한다면 놀라운 일을 해낼 수 있다는 것을 보여주었습니다. 그리고 정말로 에베레스트는 인간에게 신체적 한계가 어디까지인지 보여줍니다. 8,848미터까지 올라가면 공기가 너무 희박해서 고소에 적응되지 않은 사람은 1~2분 안에 의식을 잃고 만다고 합니다. 그 산의 정상이 인간의 생리학적 한계라는 점은 놀라운 우연의 일치입니다. 물론, 1990년과 2002년에 내가 에베레스트에 올라가보니 무산소 등반도 가능하다는 것을 알게 되었습니다. 두 분이 이미 거기에 올라갔으니까 말입니다. 조지는 그 등정에서 중요한 역할을 담당했습니다.

고국에 돌아오자마자 아버지는 연인이던 우리 어머니 루이스 로즈Louise Rose와 결혼했습니다. 그리고 그분들은 신혼여행 대신 정신없이 세계 순회강연에 나섰는데, 조지도 함께 갔습니다. 아버지가, 신부와 아버지의 가장 친한 친구가 함께 다닌 그때가 너무 행복했었다고 말씀하시던 기억이 납니다. 그분들이 런던에 함께 있을 때였습니다. 함께 영국 공군 장교 클럽에 초청되었는데, 조지가 좀 더 재미있게 꾸며낸 이야기겠지만 아버지는 그곳 바bar에 비치된 "거짓말 같지만 진짜인 이야기tall-story-and-true"라는 책에 "낙하산 없이 8,848미터에 올라가다!"라고 썼다고 합니다.

제가 일곱 살 때 조지가 책을 한 권 주었는데 그것을 지금도 소중하게 간직하고 있습니다. 그 책은 우리가 사는 지구와 태양계, 그 바깥의 경이로운 우주를 소개한 큰 책이었습니다. 그때 이후 과학에 매료되어 지금까지 그런 마음을 간직하고 있으며 이런 마음을 내 자녀들에게도 물려주고 싶습니다. 조지는 내게 늘 영감을 주었고 나는 그런 이유로 내 첫째 아들에게 조지라는 이름을 지어주었습니다.

또 다른 조지, 조지 맬러리George Malloy가 1924년 원정 직전에 남긴 유명한 어록을 빌려 이름 붙인 조지 로우의 책 『산이 거기 있으니까Because it is There』에서 그에 대한 많은 사실들을 이야기하고 있습니다. 아버지는 "사람들은 위대한 사람이 되려고 마음먹는 게 아니라 위대한 일을 하려고 마음먹는다."라고 하셨습니다. 조지에게 미등봉 에베레스트는 아무도 가본 적 없는 기회의 땅이었고 아무도 가르쳐본 적 없는 학생이 처음으로 가르쳐볼 기회를 갖는 것 같다고 하셨습니다.

200page 1953년 9월 3일. 특유의 미소를 짓고 있는 힐러리와 그의 부인이 된 루이스 로즈가 머리에 데이지 꽃 화환을 쓰고 환한 미소를 짓고 있다. 오클랜드의 다이어서선Diocesan 고등학교 교회 문을 나서고 있는 두 사람에게 뉴질랜드 산악회 친구들이 피켈로 아치를 만들어주고 있다. 그들 뒤에 신랑 들러리인 조지가 보인다. 조용한 결혼식을 계획했는데 거의 2천 명이 길에 모여들어 이 부부에게 환호를 보냈다.

202page 1953년 힐러리와 조지가 버킹검 궁에서 열린 가든 파티장으로 가고 있다. 귀족들과 함께 로즈 크리켓 경기장Lord's Cricket Ground에서 열린 크리켓 경기를 보고 에딘버러 공과 저녁을 함께했다. 조지는 이때 영국을 처음으로 방문했다.

203page 1954년 조지와 힐러리는 미국에서의 순회강연을 끝내고 에베레스트 동부 지역을 탐험하기 위해 뉴질랜드로 떠났다. 두 사람이 작별인사를 하고 있다.

힐러리와 조지 두 사람의 원정은 히말라야 에베레스트 지역에
학교를 짓는 계기가 되기도 했습니다. 조지는 영국의 히말라얀 트러
스트를 도와서 그 단체가 교육환경을 개선하는 데 집중할 수 있도록 했습
니다. 그는 교육에 깊은 열정을 갖고 있었는데, 늘 "히말라야 사람들에
게 은혜를 갚아야 한다."라고 말했습니다. 제가 1999년에 에베레스트
남쪽 높은 곳에 세워진 조그만 사원에서 아버지와 조지, 조지의 아내
메리 옆에 앉아 있을 때, 조지는 에베레스트 원정을 기록하던 영화 촬
영용 카메라를 둘러보고 아무도 흉내 낼 수 없는 그만의 방식으로 이렇
게 말했습니다. "히말라야에는 언제나 다양한 어려움이 존재한다. 도
움을 구하는 사람들도 있다. 정말 어려운 일이다. 하지만 힐러리는 씩
씩하게 그 일을 하고 있다. 나는 그가 에베레스트에서 그렇게 하는 것
을 보았고 지금도 보고 있다. 그는 계속 노력하며 한 걸음씩 확대 발전
시키고 있다." 이 말은 조지에게도 해당되는 말입니다.

적임자

콜린 몬티스Colin Montcath

● 　조지와 메리 부부가 뉴질랜드 크라이스트 처치의 우리 집 근처 페닌슐러 만에 있는 다이아몬드 항에서 몇 개월 동안 살던 시절, 그는 내 친근한 이웃이었다. 우리는 그가 산에서 겪은 경험에 대해 많은 이야기를 나누었다. 그가 80세였을 무렵 언젠가, 내 서재에서 그가 무쿠트파르바트Mukut Parbat에 갔을 때 찍은 사진이 액자에 걸린 것을 본 적이 있었다. 젊은 시절 그가 친구 세 명과 1951년 가르왈 히말라야 원정대의 베이스캠프에서 찍은 사진이었다. 그 사진 속에 있는 에드먼드는 에드먼드 힐러리가 아니라 '다른 에드먼드', 즉 에드먼드 카터였다. 카터는 뉴질랜드의 성공적인 첫 번째 히말라야 원정대 일원으로 7,242미터까지 올라간 경험이 있다. 이 원정 덕분에 에드먼드 힐러리와 원정대장이던 얼 리디포드가 에베레스트의 네팔 쪽 사면을 정찰하러 가는 에릭 쉽턴의 원정대에 합류하게 되었다. 이 일을 계기로 조지는 1952년의 초오유 원정에 참가하게 되었고, 마침내 1953년 에베레스트 원정에도 초청받았다.

　조지는 조용했던 무쿠트파르바트 원정을 좋아했다. 81세의 조지가 하는 이야기 속에도 그가 히말라야에 처음 가서 느낀 흥분과 길고도 긴 엘리 드 보몽의 뾰족한 첨탑을 초등하면서 익힌 기술을 포함해 뉴질랜드에서 익힌 자신의 기술을 히말라야에 적용하면서 느낀 긴장감이 여전히 묻어났다. 조지가 큰 산을 처음으로 경험했던 뉴질랜드 남 알프스에 대한 경험을 회상하는 것 말고도 우리는 둘 다 소중하게 여기는 남극대륙과 네팔의 바룬Barun 계곡에 관해서도 이야기를 나누었다. 나는 조지를 부추겨 1955~1958년에 이루어졌던 영국의 남극 횡단 원정대에 관해서도 이야기를 들었고, 많은 초등을 기록해서 뉴질랜드의 가장 성공적인 원정으로 기록된 1954년의 에베레스트 동부지역 원정에 관해서도 들었다. 우리는 둘 다 구소련의 파미르고원에 대해 관심이 있었는데, 나는 1986년에 7,495미터의 코뮤니즘 봉Pik Kommunizma을 올랐고, 조지는 뉴질랜드인으로는 처음으로 1960년대에 그곳을 올랐는데

그때 존 헌트가 함께했다.

　이런저런 이야기를 하다가 에베레스트와 그가 〈에베레스트 정복The Conquest of Everest〉 영화를 찍는 데 기여한 이야기까지 흘러갔다. 톰 스토바트가 공식적인 카메라맨이었고 알프레드 그레고리가 주 사진기자였지만, 카메라 장비를 갖고 안전하게 움직이기 힘든 로체 사면과 사우스 콜에서 핵심적인 역할을 담당한 것은 조지 로우였다. 나는 1984년 어떤 방송사와 계약하여 경량 카메라로 티베트 쪽 북벽에서 촬영을 한 경험이 있었다. 그래서 우리는 1950년대 이후의 카메라 장비에 관해서 대화를 했다. 당연히 나는 필름 롤을 바꿔 끼는 것보다 훨씬 어려웠던 그의 경험에 관해서 이야기를 들었다. 그것은 무거운 카메라에 힘겹게 필름을 넣고 추운 날씨에서 끊어지기 쉬운 필름을 필름 감는 톱니바퀴에서 부스러지지 않도록 조심스럽게 다루는 것이 얼마나 힘들었는지에 대한 이야기였다.

　1952년 스위스 원정대가 거의 정상까지 가고 실패하는 바람에 정상으로 가는 루트가 확실해진 상황에서도 1953년의 원정은 명확한 판단과 진정한 팀워크가 필요한 힘든 모험이었다. 그리고 후원자들에 대한 의무 가운데 고국에 좋은 이미지를 보여주는 것이 원정의 전반적인 성공에 핵심적인 요소이기도 했다. 이 점에서 조지의 역할이 대단히 중요했다. 그는 에베레스트 초등을 위한 원정대원으로서 적격이었다. 조지가 얼음이 얼어 있는 로체 사면 구간을 끝까지 올랐을 때, 뒤에 다른 대원들이 그가 개척해 놓은 길을 묵묵히 올라오고 있을 때, 그가 크램폰으로 몸의 균형을 잡으며 마지막 캠프까지 올라갔다가 내려오게 되었을 때 느꼈을 감정이 어땠을지 나는 이해할 수 있다.

　조지와 나는 둘 다 다른 원정대 하나 없는, 오롯이 자신의 팀만이 에베레스트에 있을 수 있는 특권을 누렸다. 나의 경우 롱북 빙하에서 우리만 있었다. 에베레스트는 성스러운 산이며 그 산을 둘러싼 풍경조차 성스러웠다. 친구 몇 명으로만 이루어진 작은 팀이었다. 셰르파

205page 원정에서는 많은 시간을 텐트 안에 앉아서 보내는데, 그곳에서 편지도 쓰고 바느질 등의 필요한 일을 하기도 한다. 조지가 스웨터를 수선하고 있다.

204

의 도움이나 산소통도 없이 그 당시 엄청나게 춥던 에베레스트 북벽 쪽으로 매일매일 올라가면서 느낀 숨이 멎는 듯했던 경이로움은 30년이 지난 지금도 생생하다. 그날 밤 조지 부부와 헤어질 준비를 하고 있을 때, 나는 지나가는 말로 오늘날 에베레스트에 너무 많은 사람들이 붐비는 것과 에베레스트에서 일어난 몇몇 현대 등산가들의 도덕성 부족 같은 것에 관해 말했다. 생명의 불꽃이 꺼져가지만 아직 살아있는 등산가들이 삶과 죽음의 경계에서 몸부림치고 있는데 그들이 도와달라고 손을 흔들어도 돕지 않고 그냥 정상으로 향해 간 사람들이 있다는 이야기였다. 조지는 불쌍하다는 듯 어이없어하며 고개를 저을 뿐이었다.

조지 로우와 나는 둘 다 극지와 산에서 사진을 찍는 것에 대한 열

정을 가지고 있었다. 우리는 다시는 살아 만나지 못할 것이다. 그와 작별인사를 나누며 허버트 폰팅Herbert Ponting과 프랭크 헐리Frank Herley가 남극대륙 원정의 영웅시대에 찍어온 사진들에 관해 이야기했다. 그들은 스콧, 새클턴과 함께 길을 떠났던 사람들이며 조지 자신도 남극원정을 갔을 때 그들의 발자취를 따라갔다. 커먼웰스 만Commonwealth Bay에 있던 헐리의 조그만 암실 벽에는 "이 정도면 적당하다고 생각하는 것은 최선을 다하지 않았다는 것이다."라고 연필로 쓰여 있었는데, 나는 오랫동안 조지가 찍어온 사진들을 경이롭게 생각해왔기 때문에 이 구절이야말로 조지의 모험으로 가득 찬 멋진 삶에 어울리는 글귀라고 생각했었다. 내가 이런 말을 하자 그는 미소를 지었다.

206page 1953년 에베레스트 원정대
단체사진. 셰르파와 등반조가 모두
4캠프로 돌아온 다음 포즈를 취했다.

그들의 발자취를 따르며

톰 혼바인Tom Hornbein

● 나는 1944년 13살에 산을 알게 되었다. 세인트루이스의 우리 집 마당에 있는 나무를 오르던 개구쟁이에 불과했던 내가 콜로라도의 산악지대가 가진 아름다움을 발견하고 나서 세상을 보는 눈이 바뀌었다. 나는 지역 도서관에서 구할 수 있는 산과 관련된 문헌을 모두 읽었다. 리처드 홀리버튼Richard Halliburton의『세기의 신비 시리즈Book of Marvels』에서부터 에드워드 윔퍼의『알프스 등반기Scrambles Amongst the Alps』같은 고전까지 읽었다. 제임스 램지 울먼James Ramsey Ullman의『고산 정복High Conquest』은 내가 성서같이 귀하게 여긴 책이었는데, 산악 탐험에 대한 역사책이었다. K2와 낭가파르바트, 에베레스트에 대한 초기 도전의 역사를 읽으면서 인간의 한계를 넘어선 영웅으로 분류될 만한 사람들이 남긴 위업을 음미했다. 조지 맬러리George Mallory와 샌디 어빈Sandy Irvine은 신비로운 산의 저쪽 세계로 사라져버린 신화 속 인물들 같았다. 그 시절에 울먼이 제기했던 난제 중 하나는 에베레스트 정상까지 올라가는 것은 고사하고 사람이 에베레스트의 정상에서 죽지 않고 버틸 수 있을까 하는 것이었다.

1953년 봄, 나는 의대에서 1학년을 끝내고 있었다. 에베레스트의 초등 소식이 미국에 보도되었을 때 두 가지 상반된 기분이 들었던 생각이 난다. 하나는 두 사람이 마침내 세계의 지붕에 올라섰다는 사실에 대한 경외감과 기쁨이 뒤섞인 것이고, 다른 하나는 나도 예상치 못했던 것인데 힐러리와 텐징이 정상에 올라버렸으니 인류의 수수께끼 하나가 사라졌다는 아쉬움이었다.

얼마 지나지 않아 존 헌트의『에베레스트 등정Ascent of Everest』이 미국에 수입되자 나는 그 책을 손에서 놓을 수가 없었다. 헌트의 노력을 통해 이루어낸 완벽 그 자체인 기획력과 조직력에 너무나 놀랐으며, 한편으로는 고작 두 사람을 정상에 올려놓고자 이토록 많은 준비를 해야 했다는 점에도 놀랐다. 물론 조지 로우가 로체 사면에서 보낸 경이로운 시간과 힐러리와 텐징을 지원하기 위해 고소 캠프까지 짐을 지고 루트를 개척한 일에 대해서도 읽었다. 그가 보여준 헌신과 팀워크는 내

기억 속에 그때나 지금이나 생생하게 남아 있다.

그러나 나의 풍부한 상상력에도 불구하고 내가 10대에 영웅처럼 생각했던 이 사람들의 발자취를 내가 뒤따를 것이라고는 감히 상상도 하지 못했다. 10년 후 나는 노먼 다이렌퍼스Norman Dyhrenfurth가 조직한 미국 에베레스트 원정대의 대원으로 선발되었다. 1963년 5월 1일, 짐 휘태커Jim Whittaker는 텐징의 사촌인 나왕 곰부Nawang Gombu와 함께 에베레스트 초등 팀이 올랐던 바로 그 남동릉으로, 미국인으로서는 처음으로 에베레스트를 등정했다. 본 원정과 더불어 소위 '서릉파'라고 불리던 우리도 아무도 탐험해보지 않은 새로운 길에 대한 유혹에 이끌려 서릉에 도전했다. 우리 팀은 앨 오튼Al Auten, 배리 코비트Barry Corbet, 딕 에머슨Dick Emerson, 윌리 언소울드Willi Unsoeld와 나였다.

5월 22일 윌리와 나는 요즘 혼바인 쿨르와르Hornbein Couloir라고 불리는 지형을 넘어 저녁 6시 15분쯤 에베레스트 정상에 올랐다. 그리고 남동릉으로 내려오기 시작했다. 곧 어두워지기 시작했는데, 몇 시간 전에 남동릉으로 정상을 밟았던 루트 저스태드Lute Jerstad와 배리 비숍Barry Bishop을 곧 따라잡았다. 사우스 콜 위쪽에 있는 캠프로 가는 길을 찾을 수가 없어서 자정이 넘은 시간에 계획에도 없는 비박을 하게 되었다. 8,535미터쯤 되는 곳이었다. 윌리와 나는 에베레스트를 새로운 루트로 올라간 데다 주요 히말라야 봉우리 중에서 처음으로 횡단을 한 것이다.

영국 초등 원정대와 우리 원정대를 잠깐 비교해보면 1953년의 원정은 철저한 조직과 물자의 지원이 돋보였다. 특히 한 가지 목표를 위해 팀의 에너지를 계획적으로 사용했다. 우리 미국인들은 약간 자유분방하고 그때그때 가장 컨디션이 좋은 사람이라면 누구든 선발됐다. 최종 목표를 향해 최선을 다했으므로 우리도 실패할 수 있다는 생각은 전혀 하지 않았다. 우리보다 앞서 산에 갔고 산에서 무엇을 할 수 있는지를 보여준 선구자 덕분에, 그리고 어마어마한 행운 덕분에 이런 자세를 갖고도 성공적인 성과를 낼 수 있었다.

1953년 6월 2일, 집으로 돌아가는 여행이 시작되었다. 비가 왔는데 거의 두 달 만에 처음 맞는 비였다. 그날 저녁에 엘리자베스 여왕을 축원하는 축포 두 발이 발사되었고, 모두 모닥불 가에 모여 노래를 불렀다.

우리의 1963년 등정 50주년과 조지 로우 팀의 등정 60주년이 되었다. 이제 조지 팀에서 그만이 유일한 생존자가 되었다. 나는 조지의 팀이 다음 세대인 우리에게 남겨준 스타일과 끈기와 순수한 즐거움에 감사한다. 그 선물은 우리 삶에 영감을 불어넣어 주었다.

에베레스트 등정 이후 흘러간 반세기를 돌아보고 내가 그곳에 갔던 것이 내 인생과 인생의 항로에 끼친 영향을 생각하며 놀랐다. 내 생각에 1953년의 원정대원들도 그랬을 것이다. 윌리는 에베레스트에 오르는 것을 옛날 늙은 선원들에 의해 잡혀 죽은 바닷새 앨버트로스[8]와 비슷하다고 즐겨 비유했다. 명성은 원하든, 원하지 않든 피할 수 없는 것이다. 우리의 등정은 개인적인 일이 아니었다. 나는 고국에 돌아와

서 연구직 의사로 일을 시작했고 마취학을 가르치는 임상의이자 생리학 연구자가 되었다. 나는 고도가 호흡에 미치는 영향을 알아내고 싶었다. 나의 직업적 문제 제기는 우리의 에베레스트 원정만큼이나 미지의 영역이었고 의문투성이었다. 나는 그저 이 일에서 벗어나 내가 좋아하던 다른 일을 해보려고 에베레스트에 갔다. 물론 그렇게 되지는 않았다.

에베레스트의 매력은 우리가 그곳을 등정한 다음에도 커져만 갔다. 우리가 에베레스트를 바꾸지는 못한다. 눈이 내리면 우리가 거기 갔던 흔적은 여러 번, 완전히 지워진다. 그렇지만 우리 다음 사람들은 정말 많은 것이 바뀐 그곳을 가는 것이다. 전 세계에서 에베레스트로 몰려와 남들보다 한 발이라도 더 먼저 정상에 가려는 사람들을 나는 옹호하지는 못할 것이다. 그렇지만 그 산에 오른다는 것 자체가 특별한 경험이다. 고독하고, 오랜 시간 걸어야 하는 탐험을 의미하던 그 시절에 태어났다는 것은 정말 축복이었다고 생각한다.

이제 90대 초반이 되어 내가 처음으로 산을 만났고, 내 인생의 모든 편린들이 모여 있는 고장에 다시 정착하고 보니 나는 이제 더 부드럽지만 여전히 도전으로 가득 찬 생활을 하고 있다는 생각이 든다. 우리들은 살아남았고 계속 전진할 것이다. 우리들의 영감과 생명력은 기세가 누그러지긴 했지만 여전히 젊은 시절 그대로이고, 그토록 강렬하게 친구들과 나누었던 경험 덕분에 우리의 인생은 더욱 풍요로워졌다. 에베레스트의 명성 덕분에 진정한 우정을 얻었고 인간의 삶에 영향을 주고받는 기회도 얻을 수 있었다.

그렇지만 이기는 것보다는 노력하는 것 자체가 즐거움이었고, 정상에서 바라보는 경치보다는 올라가면서 느끼는 행복감이 더 컸다. 나는 에베레스트에 대한 도전 이후의 내 인생에 어떤 일이 일어날지 생각해본 적도 없었고, 또 그것을 바라지도 않았다. 이와 같은 생각이 나와 조지 로우같이 열정을 갖고 살아가게 된 사람, 세계에서 가장 높은 그곳을 고향이라고 부르게 된 사람 모두에게 해당한다고 생각하며, 또한 그렇게 되기를 바란다.

208page 힐러리가 등정 전날 남동릉
8,290미터로 올라오고 있다.

위대한 정신

스티븐 베너블스Stephen Venables

● 나는 1990년 에베레스트 재단 운영위원회의에서 조지 로우를 처음 만났다. 그 회의에서 내가 제일 어렸는데, 분위기를 약간 바꿔보고 싶어서 뉴질랜드 원정대의 에베레스트 등반에 지원금을 주어야 하는지에 대해 의문을 제기했다. 나는 에베레스트에서는 할 만큼 다 해보았기 때문에 이 등반으로 새로이 얻을 것이 없다고 주장했다. 그 돈을 더 좋은 곳에 사용할 수 있지 않겠느냐고 말해보았다. 그렇지만 당시 위원회 의장이던 조지가 자신의 조국 원정대를 위해 보여주었던 강렬한 애정을 나는 잊을 수가 없다. 그는 나의 반대를 단칼에 일축하고 정말 단호하게 뉴질랜드 원정대의 등반을 지원할 것이라고 발표했다.

내가 화를 낼 수도 있었지만, 조지는 권위뿐만 아니라 누구나 그를 좋아할 수밖에 없는 너그러운 매력도 함께 갖고 있었다. 그는 3년 후 내가 에베레스트 등정 40주년을 기념하는 기사를 쓰기 위해 인터뷰하고 싶다는 요청을 하자 황금 같은 저녁시간을 나에게 할애해주기도 했다. 나는 이때 그가 다양한 직업을 거쳤고 뉴질랜드의 견습 교사로부터 산티아고의 유명한 그레인지 스쿨Grange School의 교장을 거쳐 영국 더비셔Derbyshire 지방의 교육 기준청 담당관까지 했다는 것을 처음으로 알았다. 당연히 주로 그의 등반과 특히 1950년대의 황금시대에 이루어졌던 원정에 관해 이야기를 나누었다.

나는 그가 두 가지 점에서 뛰어난 자질을 가졌다는 것을 알 수 있었다. 하나는 그가 젊은 시절 왕성한 에너지를 갖고 자신에게 오는 모든 기회를 즐거운 마음으로 기꺼이 받아들였다는 점이다. 다른 하나는 충실성인데, 특히 자신의 가장 오래된 등반 파트너인 에드먼드 힐러리에게 충실했다.

1951년 7월의 상황을 한 번 생각해보자. 네 명의 청년이 지쳤지만 승리감에 차서 산간 휴양도시 라니케트로 돌아왔다. 이 청년들은 이때 히말라야에 처음 와서 멋진 7천 미터 급 봉우리를 초등했다. 그런 다음 이들은 난데없이 초청장이 온 것을 알게 되었다. 휴가를 연장해서

에릭 쉽턴의 에베레스트 정찰등반에 함께 가자는 내용이었다. 외국인으로서는 역사상 두 번째로 솔루 쿰부Solu Khumbu 계곡으로 들어가는 것이었다. 두 명이 초청받았는데, 여건이 되는 둘은 그 기회를 거머쥘 돈과 영향력과 강인한 성격을 갖고 있었다. 로우와 카터는 실망해서 뉴질랜드로 돌아갔다.

속이 좁은 사람이라면 큰소리로 비난했겠지만 조지는 그렇지 않았다. 오히려 그는 이듬해에 초오유 원정대에 참가하는 기회를 잡아서 그전 해에 잃어버린 기회를 회복했고, 자신이 꼭 필요한 사람임을 입증해서 1953년의 큰 프로젝트에 초청받을 수 있었다. 에베레스트 원정에서 힐러리는 텐징 노르가이와 파트너였기 때문에 조지가 정상에 설 가능성은 거의 없다는 것이 분명했다. 그렇지만 또 한 번, 똑같은 너그러운 마음으로 그는 지원조로서의 자신의 역할에 충실했고, 힐러리와 텐징이 역사상 가장 높은 곳에 캠프를 설치하는 것을 도왔으며, 사우스 콜에서 다음 날 그들이 돌아오는 것을 기다렸다. 또한 힐러리의 일대기에 대한 산 증인으로, 힐러리의 유명한 말인 " 조지. 우리가 해치웠어."를 방송에 나와 말해서 세계적으로 유명하게 만든 것도 바로 그 조지였다. 오랜 산 친구로, 조지는 네팔에서 힐러리가 봉사 활동을 하는 것을 쉬지 않고 도왔다.

그는 원정대장에게도 똑같은 충실성을 보였다. 그는 특별히 에릭 쉽턴을 좋아했고, 1952년 원정대의 대다수 대원처럼 그도 쉽턴이 1953년 원정에서 배제되자 분개했다. 그렇지만 조지는 쉽턴을 대체한 존 헌트에게 나중에 자신이 얼마나 감복했는지에 대해 40년 후에 나에게 털어놓았다. 아마 원정대의 방침을 따르기로 해서 그런 것이었겠지만 그는 정말로 존 헌트의 팀 존중 방침을 굳게 믿었던 것 같다.

나는 1953년의 조지를 떠올리게 되는 이미지 중에서 두 개를 가장 좋아한다. 하나는 조지가 함박웃음을 지으며 두드 코시Dudh Kosi 옆에서 체크무늬 셔츠를 입고 큼직한 목련꽃을 모자챙에 꽂고 앉아 있는

211page 큼직한 목련꽃을 모자에 꽂은 조지 로우가 찻잔을 들고 있다. 히말라야 산맥의 아래쪽에 있는 울창한 숲과 깊은 골짜기들을 지나 에베레스트를 향해 가는 카라반 중에 찍은 사진이다.

사진이다. 다른 한 장은 유감스럽게도 사진으로 찍히지 않았는데, 그가 로체 사면을 반쯤 올라갔을 때 고소 영향으로 탈진해서 정어리를 반쯤 입에 문 채 잠이 든 이미지이다.

에베레스트를 등정한 다음에도 그는 히말라야에 여러 번 다시 갔다. 1955~1958년의 영국 남극대륙 원정대에서도 주요 촬영을 담당했다. 그렇지만 그의 가장 큰 업적은 1952년 초오유 원정에서 이루어졌다. 중국이 점령한 티베트 쪽 정찰에 대해 쉽턴이 걱정했기 때문에 그 팀은 초오유 자체에는 거의 발을 들여놓지 못했다. 대신에 그들은 광범위한 지역을 정찰할 수 있었고 그때까지 아무도 탐사하지 않았던 고산지역을 놀랍도록 많이 탐사했다. 가장 중요한 순간은 조지가 눕 라를 힐러리와 극도로 불안해하는 셰르파 세 명을 데리고 넘던 순간이었다. 위험한 낙석과 매우 위험한 빙벽과 반쯤 숨겨져 있는 치명적인 크레바스들에도 불구하고, 그들은 이 외딴 고개를 안전하게 넘었다. 이곳에서부터 이 두 뉴질랜드인들은 말썽꾸러기 초등학생들처럼 중국 영토 안으로 깊숙이 들어갔다. 서로 확보해가면서 롱북 빙하로 내려가 노스 콜 아래 세계대전 이전에 사용했던 3캠프 자리를 모두 둘러보았다.

이 획기적인 트레킹을 마치고 네팔로 돌아온 다음에도 그들의 모험심은 끝이 없었고 쿰부와 바룬 계곡 사이의 콜 세 개를 처음으로 횡단하면서 원정을 끝냈다. 나도 요즘 6천 미터 고도의 난이도 높은 고개를 넘어 그 거친 지역으로 사람들을 데리고 가본 적이 있는데 1952년에 그곳을 셰르파 몇 명만 데리고 선구적으로 횡단했던 로우와 힐러리, 에번스와 쉽턴의 대담성에 놀랄 뿐이다. 또한 그 거센 아룬 강에 에어매트리스를 띄워 그것을 뗏목 삼아 빨리 여행을 끝내보겠다고 시도했던 이 뉴질랜드인들의 대담성에도 놀랄 수밖에 없다. 그것은 미친 짓이다. 그들은 거대한 소용돌이에 빨려들어 죽기 직전에 구조되었지만, 조지처럼 지혜롭고 너그러우면서 가끔 미친 짓을 하는 신사들 때문에 세상은 정말 살 만한 곳이다.

212-213page 1953년 조지 로우가 로체
사면의 깊은 눈을 뚫고 8캠프로 향하고 있다.

인생의 수레바퀴

더그 스콧Doug Scott

● 에베레스트를 실제로 오르기 전까지 나는 그 산에 별로 관심이 없었다. 여러 해 동안 에베레스트는 그저 남극이나 달처럼 내 의식 저편 어딘가 있긴 하지만 현실 속의 나와 동떨어진 곳에 있었다. 초등학교 시절 존 헌트가 초등에 관해 이야기하는 강연회에 이끌려 간 적이 있었다. 그것은 나에게 어떤 자각을 주거나 비슷한 위업을 성취하겠다는 근원적인 욕구를 일깨우는 시간이 전혀 아니었다. 그때에 대한 기억이라고는 담당 선생님께서 내 뒤통수를 한 대 때리시더니 나에게 계속 까불면 강당에서 쫓아내겠다고 했던 것밖에 없다.

한참이 지난 다음 나는 에베레스트에 대해 알게 되었고, 그 선구적 원정의 중요성과 그것이 왜 역사상 가장 전설적인 인류의 도전에 대한 이야기가 되었는지를 이해하게 되었다. 그 무렵 초등에 참가했던 많은 등산가를 만나게 되었으며, 에베레스트의 알려지지 않은 이야기들까지 스스로 알아보게 되었다.

그 당시 원정대원들은 가족과 친구, 생업을 등지고 아무도 가본 적 없는 곳으로 몇 달을 떠나 있었다. 위성 전화가 있기 전이니까 이 모든 초기 원정에서는 외부와 연락할 방법 없이 줄곧 단절된 채 산에 있었다. 그들은 자신의 목표를 달성하려 노력하는 과정에서 매일매일 함께 위험을 무릅쓰고 루트를 개척하며 불확실한 상황을 헤쳐나가면서 변함없이 서로를 도왔다. 인류의 발전과 번영은 이렇게 서로를 존중하는 과정에서 이루어졌다.

이렇게 산이나 극지, 사막을 횡단하는 등 극한의 지역에서 그런 전통적인 가치를 몸소 보여준 원정대원들은 등산의 역사에 기록될 만한 자격이 충분하다. 그들은 자유롭게 동료들과 조화를 이루며 갈등을 최소화했고, 자신보다는 팀을 우선시하면서 공동의 목표를 달성하기 위해 망설임 없이 자신의 모든 것을 바치고 용감하게 임했다. 그들은 특별히 자랑스럽게 기억될 만한 가치가 있다. 실제로 그들은 로프로 서로를 의지했던 영웅이었고 행복한 형제들이었다. 그들은 인류의 전설

로 영원히 남아 있을 것이다.

에베레스트를 초등하기 위해 함께 갔던 대원들은 등반 내내 이러한 가치를 지켜나갔다. 베이스캠프에서부터 움직이는 빙하들이 마구 뒤엉켜 있는 쿰부 아이스 폴과 정상을 300미터 남겨두고 설치되었던 9캠프에 이르기까지 가장 강인한 두 사람이 정상으로 갈 수 있는 최상의 조건을 마련하기 위해 팀 전체가 헌신적으로 움직였다.

마이클 웨스트매컷은 쿰부 아이스 폴에 길을 개척했다. 그는 매일매일 무너져 내리는 빙탑과 안쪽으로 허물어지는 크레바스의 위험을 견뎌냈다. 조지 로우는 제일 선두에서 11일 동안 로체 사면을 올랐고, 다시 정상 능선을 올라가서 사상 최초로 가장 높은 곳에 9캠프를 위한 안전한 장소를 찾아냈다. 또한 조지는 자진해서 고소에서 촬영하겠다고 했다. 6,700미터 위쪽의 모든 촬영은 그에 의해 이루어진 것이다. 대기 중의 산소가 3분의 1밖에 안 되는 그 지역에 가본 사람들은 에너지를 비축하는 것이 얼마나 중요한지, 추가적인 움직임을 통해 호흡을 낭비하지 않는 것이 얼마나 필요한지, 그리고 한 발짝씩 앞으로 가는 것 말고 다른 일을 하거나 심지어 생각조차 하지도 않는 것이 얼마나 중요한지 안다.

조지는 고소에서 촬영하는 것뿐만 아니라 같은 뉴질랜드인으로 친한 친구였던 힐러리가 에베레스트를 초등하는 것을 도우려 최선을 다하기로 굳게 마음먹었다. 역사는 힐러리가 셰르파와 함께 그곳에 가도록 정했지만, 조지는 아랑곳하지 않았다. 이미 정해진 일이며 아무것도 바꿀 수 없었다. 하지만 몸 상태가 굉장히 좋았고 고소 적응이 완벽하게 끝난 조지로서는 좌절할 수도 있는 일이었다. 그는 히말라야의 고봉 등반에서 셰르파의 도움 없이는 어떠한 등정도 어렵다는 것을 잘 알고 있었다. 에베레스트의 산자락에서 살아가는 셰르파 가운데, 전 세계에서 온 등산가들로부터 기술을 익혀 에베레스트를 등정하고자 하는 의욕이 넘친 텐징은 초등할 자격이 충분했다. 존 헌트는 정치적 판

단으로 힐러리의 파트너로서 텐징을 선발한 것이 아니라 그때의 상황을 존중했기 때문에 텐징을 선발했다.

알파인 스타일의 소규모 원정이 가지는 특징은 모두가 정상에 갈 기회를 갖거나 아니면 아무도 정상을 밟지 못하는 것이다. 대규모의 극지법 등반 방식의 원정대는 대개 두 명을 선발하여 정상에 올리고, 나머지 사람들은 자신도 갈 수 있었는데 하는 아쉬움을 갖고 고향으로 돌아가게 된다. 1975년 남서벽 원정에서도 그랬다. 닉 에스트코트Nick Estcourt와 폴 브레이스웨이트Paul Braithwaite가 록 밴드⁹⁾에서 투혼을 발휘하여 남서벽 루트를 돌파했지만 정작 두 사람은 정상에 오르지 못했다.

나를 비롯한 등산가들은 대규모 원정에는 항상 강력한 리더십이 있어야 하는데, 강력한 리더십이라는 게 말처럼 쉽지 않다는 것을 안다. 아무래도 멀리 떨어진 곳에서 무전기로 명령을 하는 상황이기 때문이다. 팀 내 분위기와 우정과 개성의 차이 때문에 누구를 정상 공격조로 선발하는 가에는 상당한 어려움이 따른다. 가끔은 그리고 특히 몸이 좋지 않은 다음에는, 예를 들면, 남보다 더 많이 짐을 나른다거나 캠프 간에 이동하는 시간을 기록적으로 단축한다거나 하는 방식으로, 다른 사람들에게 보여주기 위한 영웅적인 행동을 하는 사람들도 있다. 알파인 스타일 원정에서는 대장이 있다 하더라도 그 대장이 대원들에게 깊은 인상을 줄 필요가 없다.

한편 1953년 에베레스트 원정과 우리의 1975년 남서벽 원정은 강력한 지도력에 대한 모범사례를 보여주었다. 우리가 성공을 거둔 다음 크리스 보닝턴Chris Bonington이 쓴 책은 몇몇 사람들에게는 실제로 성서처럼 여겨졌다. 인도 여성 한 명을 정상에 올리는 데 성공했던 한 원정대의 대장은『에베레스트 — 험난한 길Everest: the Hard Way』을 베이스캠프에서 매일 베개 밑에 넣고 잤다고 한다. 존 헌트의 원정대와 우리 원정대 둘 다 조직력과 리더십, 실천에서 전통적인 균형을 유지했

다. 미지의 세계로 간 원정대였고, 성공 가능성도 미지수였다. 그렇지만 모든 난관에도 불구하고 목표를 달성했다. 그것은 오로지 대원 스스로 이기심을 자제하면서 열심히 루트를 개척했고, 대원들 간에 서로 격려하고 지원했으며 강력한 리더십을 가진 대장이 있었기 때문에 가능했다.

● 에베레스트는 이제 더 이상 몇몇 운 좋은 소수를 위한 곳이 아니다. 1986년 이후 네팔 정부는 에베레스트를 오르고자 하는 사람들에 대한 모든 제한을 없앴다. 사실, 등반허가 신청에 필요한 돈을 내는 사람들은 경험과 무관하게 이제 그곳에 갈 수 있다. 상업적인 가이드 회사들이 주로 셰르파들을 고용하여 로체 사면과 사우스 콜에서 정상으로 이어지는 구간에 고정로프를 설치했다. 실제로 이런 시설을 이용할 수 있게 되어서 이전보다 경험과 기술이 훨씬 적은 등산가들도 에베레스트에 오를 수 있게 되었다. 비교적 초보자에 가까운 사람도 가이드 두 명의 철저한 지원하에 정상에 갈 수 있다.

1996년 5월 10일 에베레스트에서 일어난 참사에 대한 개인적 회고록인 존 크라카우어Jon Krakauer의 책『희박한 공기 속으로Into Thin Air』덕분에 우리는 8명의 등산가가 사망했던 에베레스트 최악의 날을 더욱 자세히 알 수 있었다. 14팀의 원정대에 크라카우어를 포함한 240명의 등산가와 셰르파들이 그날 그곳에 있었는데, 이 가운데에는 비교적 최근에 등반에 입문한 초보자들도 있었다. 이들은 자신들을 정상에 데려가는 대가로 가이드에게 42,000파운드를 지불했다. 비극의 원인이 나중에 서서히 밝혀졌는데 그중 하나가 정상부 남동릉, 특히 힐러리 스텝의 병목현상이었다. 날씨가 나빠서 움직이지 못하고 있다가 갑자기 잠깐 날씨가 좋아졌다. 그 기회를 이용하기 위해 많은 가이드와 의뢰인이 한꺼번에 출발했고, 결국 모든 구간에서 정체를 겪고 있는 와중에 위험하고 강력한 폭풍이 불어와서 많은 사람이 타격을 받게 되었다.

폭풍은 밤새 불었고 다음날에도 계속되어 여러 사람이 사망하고 많은 사람이 심한 동상을 입었다.

크라카우어는 상업 원정대에게 돈을 내긴 했지만 숙련된 등산가였다. 그런데도 그 역시 가이드에게 의존해야 하는 난감한 조건에 승복할 수밖에 없었다. 가이드는 어떤 의뢰인도 개별적으로 결정을 내릴 수 없도록 지휘권을 가이드가 가져야 한다고 생각하며, 또 이것이 가이드의 책임 있는 자세라는 데 크라카우어도 동의했다. 의뢰인들은 평소와는 달리 자신을 버리고 자신에 대한 책임을 가이드에게 맡기게 된다. 크라카우어는 이 상황을 회상해볼 때마다 너무 쉽게 자신에 대한 책임을 다른 사람에게 맡긴 것과 앤디가 심각한 문제를 겪으리라는 점을 고려하지 않았던 것이 그를 계속 괴롭혔다고 말했다. 앤디는 앤디 해리스 Andy Harris를 말하는데, 그는 가이드였고 산소 부족으로 인한 저산소증 hypoxia을 앓고 있었다. 만일 프로 등산가가 그런 상황에 부딪히게 되면 초보자인 의뢰인에게 큰 어려움을 주게 된다.

상업 등반대 소속 등산가들이 다른 팀의 대원들이 큰 어려움을 겪고 있다는 것을 알고도 그들을 도우러 가지 않았던 순간들이 있었다. 2006년 에베레스트 북릉 정상 300미터 아래에서 죽어가던 단독 등산가 데이비드 샤프David Sharp에 대해 미디어가 연일 보도했다. 40명 이상의 등산가가 그를 지나쳐갔는데, 이중 많은 사람들이 그에게 도움이 필요하다는 것을 알았지만 아무도 돕지 않았다. 일부 신문들은 "이미 등산가들 사이에는 착한 사마리아인 의식이 실종되었다."라고 보도했다.

위기에 처한 남모르는 사람을 돕기 위해 위험을 무릅쓰고 멀리까지 움직이는 사람들은 대개 세르파들인데, 이것은 그들이 더 강인하거나 고소 적응이 잘 되어서가 아니다. 1939년 K2에서 더들리 울프 Dudley Wolfe를 구하기 위해 올라갔다가 사망했던 용감한 세 명의 세르파가 떠오른다. 그리고 1979년 가을에 에베레스트 남봉에서 한네로어 슈마츠Hannelore Schmatz가 떨어졌을 때, 결국 손가락 전부와 발가락

217page 에베레스트 정상과 남동릉의 인상 깊은 장면. 1921년 샌디 울라스턴Sandy Wollaston이 정찰등반 때 유리원판 카메라로 촬영했다.

을 희생해가면서 그녀를 구하러 간 것은 순다레 셰르파Sundare Sherpa였다. 이와 비슷한 사례는 더 많이 있다.

셰르파들은 기본적으로 인간 본연의 인간성을 더 많이 간직한 것 같다. 그들은 열망 때문에 그렇게까지 양심을 저버리지 않는다. 그들은 경쟁하는 것보다는 협동하는 것이 더 생산적이라는 것을 알고 이것을 아주 어린 시절부터 배운다. 이것은 종종 정말 가혹한 환경에서 살아남기 위한 그들의 수단이기도 하다.

거의 모든 불교 사원의 문에 보이는 그림이 바로 '인생의 수레바퀴'를 나타내는 그림이다. 이 그림에는 죽음의 신인 야마Yama가 단호하고도 무시무시한 모습으로 사원에 들어오는 사람들을 내려다보고 있다. 그의 손에는 사람이 자신의 인생을 돌아볼 수 있는 거울이 들려있다. '사람의 일생'을 나타내는 이 그림은 상징성이 풍부하고 인간들의 문제가 어디에서 비롯되었는지 늘 되돌아보게 한다. 수레바퀴의 축에는 우리가 겪는 고통에 대한 설명이 쓰여있다. 그것은 우리 인간들의 약점들인데, 편협한 무지를 상징하는 돼지, 이기적인 탐욕을 상징하는 어린 수탉과 분노와 공격성을 상징하는 뱀이 서로를 쫓으며 영원히 빙빙 돌고 있다. 우리는 무지 속에서 명예와 재산과 다른 사람들에 대한 권력욕과 같은 욕망에 집착한다. 하나의 욕망이 충족되면, 또 더 많은 욕망이 생겨나게 된다. 욕망을 충족시키지 못한 부류들은 반대로 악의적인 선동을 하기도 한다. 이렇게 물고 물리는 인간의 약점을 이해하는 것은 히말라야의 고산에서 살아가는 불교 민족과 우리 자신을 이해하는 데 도움이 된다.

● 돌이켜보면 에베레스트가 나의 인생을 변화시킨 경험이었다는 것을 알 수 있다. 나는 더 커진 자신감과 다른 사람들에 대한 배려심을

갖고 고향으로 돌아왔다. 내 정신은 고양되었고 나의 인식은 변화되었다. 나는 운이 좋아서 살아남았다는 것을 알기 때문에 더욱 겸손해졌다.

나는 영국인으로서 에베레스트와 남서벽을 사상 최초로 오른 사람으로 알려져서 생활비를 벌어야 하는 일상의 생활인으로서 많은 것이 편리해졌다. 내가 돌아오자마자 이것은 여러 가지 방면에서 확인되었다. 사소한 예를 들자면, 나는 그동안 타고 다니던 포드 코티나에 라디오를 사서 다는 작은 상을 나 자신에게 주려 했던 적이 있다. 공인이 된 나를 판매상이 알아보고 "우리 에베레스트 영웅에게 제값을 다 받을 수야 없죠!"라고 했다. 내가 제값을 내겠다고 그와 싸울 수는 없었다.

이후의 등반과 관련해서는, 에베레스트 남서벽에 세 번 다녀온 경험 덕분에 나는 희박하고 차가운 공기 속에서 나 자신을 다스리는 법을 배웠다. 1975년의 세 번째 도전에서, 두걸 해스턴Dougal Haston과 나는 오후 6시 정상에 올랐다. 내려오는 길에 힐러리 스텝에서 헤드랜턴이 고장 나는 바람에 8,748미터 고도에서 비박하는 수밖에 없었다. 우리는 설동을 파고 들어가 아홉 시간 동안 그곳에서 버텼다. 침낭도 없고 산소도 없었지만 동상에 걸리지 않았다. 그 경험을 통해 내가 앞으로 등반하면서 무엇을 어떻게 할 수 있는지를 더욱 분명히 알게 되었다. 나는 예상치 못하게 비박을 하게 될 때 설동을 팔 충분한 눈만 있다면 어디서든 버텨볼 수 있을 것이라는 교훈을 에베레스트에서 배웠다.

이것이 에베레스트에서 내가 깨달은 각성의 순간이었고, 이것은 위대한 깨달음의 순간은 아니었지만 내가 가져온 큰 선물이었다. 눈 속에 판 그 단순한 설동 속에서 자신을 안전하게 지킨 덕분에 에베레스트에 다녀온 이후에도 많은 고산을 오를 수 있었다. 나의 에베레스트 경험은 산을 정복하는 영웅적인 순간이 아니라 그보다 훨씬 더 유용한 것이었다.

219page 조지 로우가 에베레스트에서 찍은 힐러리 사진 중 가장 좋아하는 사진이다. 아이스폴에서 보낸 평범한 하루였다. 힐러리는 정상에서 찍은 사진이 없다. 텐징은 카메라를 사용할 줄 몰랐고, 힐러리가 농담했듯 에베레스트 정상은 카메라 작동법을 가르쳐줄 만한 장소가 아니었다. 힐러리는 "조지, 자네도 알다시피 벽난로 위에 정상에서 찍은 큼직한 자기 사진을 걸어놓지 않은 유일한 에베레스트 등정자라네. 하지만 난 전혀 상관하지 않아."라고 말했다.

세 가지 장면

쟌 모리스Jan Morris

월래스 조지 로우는 친구와 동료, 지인들에게서 언제나 용감하고 친근하며, 솔직 강인하고, 산을 사랑하는 뉴질랜드 사람이라는 평판을 받고 있다. 이것은 그저 평판이 아니라 사실이다. 그렇지만 내가 60년 정도를 조지와 알고 지내면서 기억나는 수많은 장면 가운데 그의 인간적인 모습을 특별히 잘 보여주는 세 가지를 소개하고자 한다.

~~~

첫 번째는 내가『더 타임스』의 특파원으로 함께 따라갔던 1953년 영국 에베레스트 초등 원정대에서 보낸 처음 몇 주간에 있었던 일이다. 별로 뉴스거리가 될 만한 게 없는 날이었지만 나는 6,160미터에 설치된 3캠프 주변을 돌아다니면서 뉴스거리를 찾아보고 있었다. 그때 캠프에서 900미터 정도 위 아득히 먼 로체 사면에서 두 개의 아주 작은 점이 보였다. 이것은 정상까지 가기 위한 원정대의 계획된 루트였다. 나는 쌍안경으로 두 사람이 눈에 덮인 사면에서 일종의 길을 내기 위해 눈을 밟고, 발 디딜 곳을 깎고, 얼음과 눈을 파내는 것을 보았다. 그들은 추위와 바람을 피하려 얼굴을 두껍게 감싸고 있었고, 고도 7,000미터의 희박한 공기 속에서 천천히 고통스럽게 일하고 있었다.

그들은 종교 연극에서 아담과 이브와 같은, 상징적인 한 쌍의 커플 같이 보였다. 곧 그들이 조지 로우와 셰르파 앙 니마라는 것을 알게 되었다. 아시아인 한 명과 오세아니아인 한 명, 이렇게 단둘이서 일주일 내내 그 높고 하얀 고독 속 황량한 사면에서 부지런히 정상으로 가는 루트 작업을 하고 있었다. 그 광경은 영원히 내 잠재의식 속에 남아 있을 뿐만 아니라 조지 로우의 불굴의 용기와 그의 동지애를 생생히 입증해주는 증거였다.

두 번째 기억나는 장면도 에베레스트에서였는데, 이번에는 상황이 좀 달랐다. 1953년 5월 29일이었다. 우리 원정이 끝날 무렵 나는 6,460미터 높이의 4캠프에서 원정대장인 존 헌트와 몇몇 영국인 대원들, 셰르파들과 함께 머물고 있었다. 그날은 날씨가 청명했으며 하늘은 새파랗고, 눈이 덮인 곳은 희고 수정처럼 맑았다. 우리는 셰르파 가운데 가장 유명했던 텐징 노르가이와 또 다른 뉴질랜드인인 에드먼드 힐러리가 정상에 올라갔다가 돌아오는 것을 기다리고 있었다. 그것은 우리 원정의 정점이었다. 조지 로우는 자신이 루트를 개척한 로체 사면에서 두 사람이 안전하게 내려올 수 있도록 돕기 위해 올라갔고, 나는 웨스턴 쿰의 햇빛 속에 앉아 그들이 정상까지 갔는지 궁금해하고 있었다. 그들이 만일 정상까지 올라갔다 왔다면, 나는 내 힘껏 그 두 사람을 세계에서 가장 유명한 사람으로 만들 자세를 갖추고 있었다.

220-221page 로체의 석양. 달이 뒤에 보인다. 날씨가 이렇게 좋으면 웨스턴 쿰은 정말 마법 같이 신비한 곳이 된다.

222page 에베레스트와 로체, 마칼루가 하늘로 치솟아있다. 1953년 원정대가 쿰부를 떠날 때 찍은 사진이다.

그들이 내려왔다! 우리는 눈으로 덮인 사면을 뛰어올라 그들을 만나러 갔다. 걱정으로 머리가 반쯤 하얗게 세어버린 헌트가 앞서 갔고, 우리는 그의 뒤를 따라 미끄러지고 넘어지면서 한곳으로 달려갔다. 머릿속에는 밤에 쓸 기사를 생각하며 나는 행렬의 중간쯤에서 달리고 있었다. 여기 그들이 왔다! 힐러리와 텐징은 여전히 로프로 몸을 서로 묶은 채였고 지치고 얼떨떨해 보였지만 그들을 데리고 내려오는 조지 로우의 얼굴에는 기쁨이 넘쳐 보였다. 그는 계속 자랑스럽게 걸어 내려왔고, 거의 군인처럼 뚜벅뚜벅 걸었는데, 이제는 한껏 위엄을 부리는 군기 담당 부사관처럼 왼손에 피켈을 들고 있었다. 그는 신이 나서 피켈로 정상을 가리키며 성공을 알렸다. 그들이 해낸 것이다. 에베레스트는 등정되었고 인류가 지구의 정상에 섰다. 조지 로우는 그 모습을 가장 멋지고 기분 좋게 알려준 전령이었다.

그리고 세 번째 기억은 이것이다. 이번에는 세계의 반대편에서였다. 메릴랜드인지 버지니아였는지 캘리포니아였는지는 정확하지 않다. 나는 조지 로우와 에드먼드 힐러리, 우리 에베레스트 원정대 부대장이었던 찰스 에번스와 함께 에베레스트 초등을 기념하는 미국 순회강연 중이었다.

우리는(아마 그들이라고 하는 게 맞을 것이다. 나는 그저 그곳에서 대변인일 뿐이었으니까.) 영웅처럼 대접받았고, 명예 시민권을 받았고, 연회와 대통령 만찬에 초대되었으며, 내가 기억하기로는 우리 네 명이 한 줄로 서서, 미국 여기저기에서 와서 열렬히 환호해주는 군중들과 악수를 하고 있었다. 힐러리는 곧 우표에 얼굴이 실려 영원히 기억되고, 뉴질랜드 전통의상을 입고 영국의 작위를 받은 사람이 될 예정이었다. 신경외과 의사였던 찰스 에번스도 곧 작위를 받고 뱅거 대학교[10] 총장으로 임명될 예정이었다. 그들과 함께 있던 나는 멋쩍긴 했지만 물론 자랑스러웠다.

그리고 조지는 환하게 미소 짓는 간호사 한 사람과 악수하려고 앞으로 몸을 굽히고 있었다. 그는 웃고 있었는데, 아마 그녀에게 자신이 즉석에서 생각해낸 농담을 하고 있었던 것 같다. 그녀도 웃고 있었다. 그 장면은 나에게 무슨 의미가 있을까? 그 장면은 조지 로우가 등산가이자 다정한 매력과 예의를 갖춘 사람이라는 것을 나에게 깨닫게 해주었다. 신사라는 말이 구식이 되어버린 지금, 그야말로 진정한 신사이다.

～～

그래서 어떻다는 말인가? 내 기억들은 어떤 의미가 있을까. 아마 큰 의미가 없을 것이다. 우리는 여기 시작한 곳으로 다시 돌아왔다. 즉, 월래스 조지 로우는 용감하고, 친근하며, 솔직 강인한 뉴질랜드인 등산가라는 것이다.

225page 1953년 8월 조지가 뉴질랜드 헤이스팅스의 고향으로 돌아오자, 그는 가족과의 재회에 너무 행복해했다. 그는 오픈카를 타고 시내 중심가에서 카퍼레이드를 했다. 하늘에는 꽃가루와 종이테이프가 날렸다. 그날 이 사진을 찍었다. 다음 날 그는 자전거를 타고 거리를 달렸는데, 아무도 자신을 알아보지 못해서 안도의 숨을 내쉬었다고 한다.

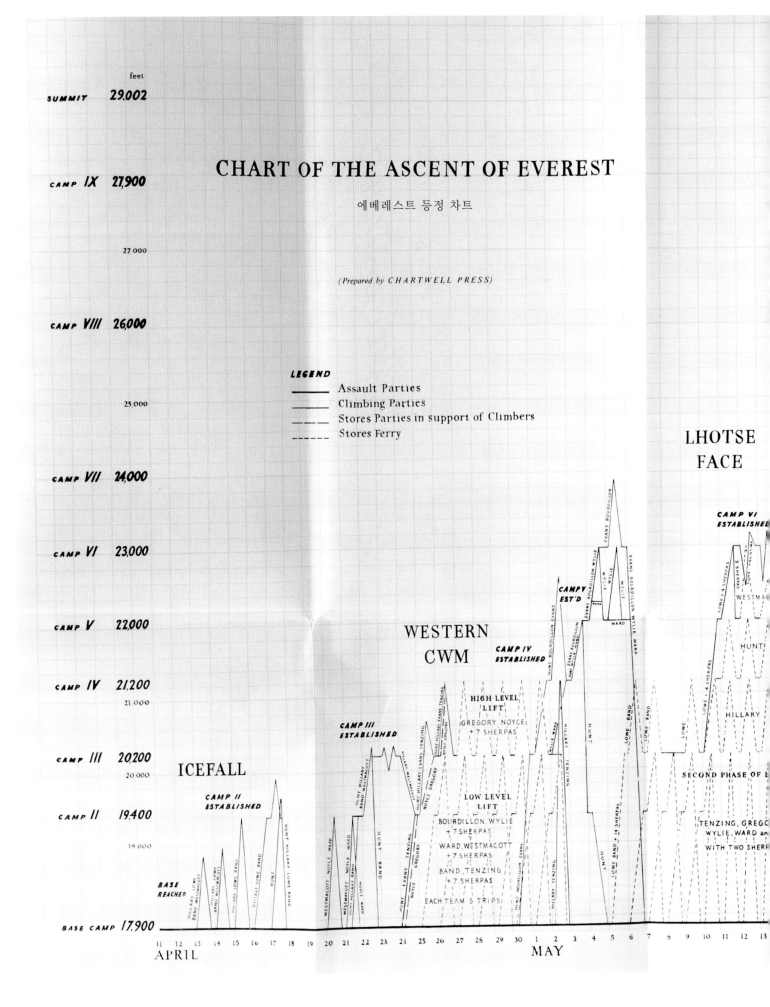

CHART OF THE ASCENT OF EVEREST

에베레스트 등정 차트

(Prepared by CHARTWELL PRESS)

LEGEND

——— Assault Parties
——— Climbing Parties
– – – Stores Parties in support of Climbers
- - - - Stores Ferry

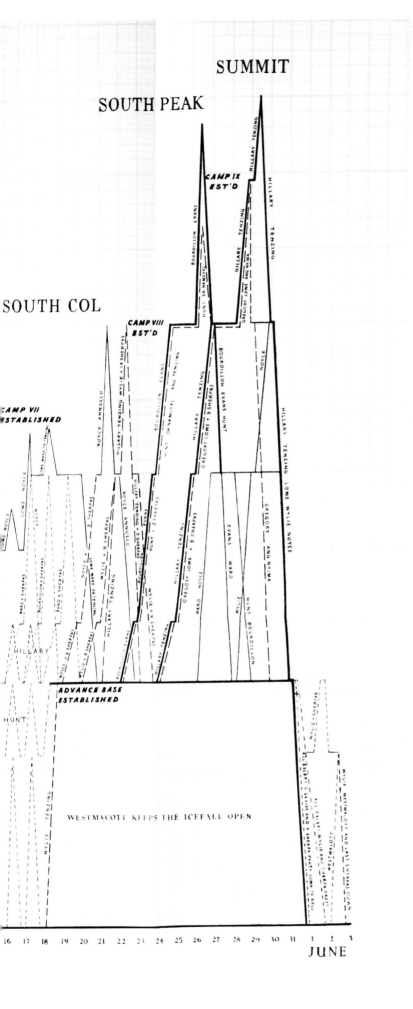

SUMMIT

SOUTH PEAK

SOUTH COL

CAMP IX EST'D

CAMP VIII EST'D

CAMP VII ESTABLISHED

ADVANCE BASE ESTABLISHED

WESTMACOTT KEEPS THE ICEFALL OPEN

16 17 18 19 20 21 22 23 24 25 26 27 28 29 30 31 1 2 3

JUNE

226-227page 에베레스트 등정 차트. 5월의 그날 두 사람을 정상에 올리기 위해 필요했던 굉장히 복잡한 등반 경로를 보여준다.

228-230page 원정대를 보냈던 히말라야 합동 위원회 비서이자 숙련된 산악 사진작가 베이질 굿펠로우Basil Goodfellow가 에베레스트에서 최상의 사진을 찍는 요령에 대한 조언을 해주었다. 원정대원 가운데 능숙하게 사진을 찍는다고 자부할 만한 사람이 거의 없었다. 굿펠로우가 사진 찍는 요령을 타자로 쳐서 조지에게 보낸 것이다. 고소에서 사진을 찍을 때의 어려움을 존 헌트는 이렇게 요약했다. "7,600미터를 넘어서면 섭씨 영하 10도에서 사진을 찍어야 하고, 종종 난이도가 높은 지역에서는 아슬아슬하게 몸의 균형을 잡아야 하며, 등에는 무거운 짐을 메고 얼굴에는 산소마스크를 쓴 채 엄청난 바람을 견뎌야 하기 때문에 정말 굳게 마음을 먹어야 사진을 찍을 수 있다."

231page 7캠프 위쪽 로체 사면의 가파른 빙벽을 오르는 사진. 조지 로우가 가장 좋아하는 사진이다. 이곳의 등반은 정말 힘들었다.

232-233page 1951년 뉴질랜드 가르왈 원정과 1953년 에베레스트 원정에서 찍은 사진을 펼쳐놓았다.

EVEREST 1953
SUGGESTIONS TO PHOTOGRAPHERS

Equipment

(1)   Get to know your camera really thoroughly. You should be able to get it out, open, set and ready, and to use it almost by instinct. Practice this in the dark till you are sure.

If your camera is new don't hesitate to practice with it on the voyoge out, getting the films developed on board until you feel quite at home with it.

(2)   Keep your camera clean. The inside should be cleaned out about once a fortnight since nothing makes dust like bumping about in a sack. Clean it either by tapping it (with the back off, and opened if it is a folding camera) on to a clean sheet of white paper till no more specks fall. Or, better, by blowing the dust out. Don't use your breath, which is full of droplets; use a lilo pump or the jet of air from a lilo being let down.

The lens should be cleaned only rarely and with great care, preferably with special cleaning tissue. A little dust on the lens does not matter but fingermarks should never be allowed. The same applies to glass filters.

Approach March

(3)   Exposures need watching, especially in villages with buildings in shadow, and in or near forest where shadows are very deep. Exposure meters intelligently used are most useful; it is safest to err on the side of overexposure if there are any dark or shaded parts of the scene.

(4)   Valley scenes need fairly heavy filters. Forest foregrounds are best with green or medium yellow filters. Avoid orange or red filters unless you want extreme contrast in cloud scenes. But in the foothills this contrast rarely gives satisfying pictures. It is permissible however to use deeper filters if the sun is right behind you.

Upper Valleys

(5)   The higher the altitude the lighter the filter, going to the palest yellow above the snow line. Never take a mountain landscape in full sunlight without a filter; all brilliance is lost. (There is no need for filters at dawn and dusk as the light is yellow anyway.)

(6)   It is generally said that a lens hood is indispensable. It is certainly better to use on when possible. But when climbing, a lens hood is a complication which can be dispensed with. Of course the sun must never be allowed to shine directly on the glass surface of the lens; it can be shaded with a companion's hand, or even with your won.

(7)   If you have interchangeable lenses, remember that to make the most of a subject in a mountain setting, e.g. a camp, chorten, or group with a background of fairly distant peaks, use a long-focus lens and stand well back. The mountains then look their real height. (André Roch's superb photos at Thyangboche are examples of this.)

(8)   In all landscapes, and other photos where there is no hurry, rest the camera if possible, even with exposures as short as 1/50th second. Or lean your shoulder against something, or sit with your camera held in both hands and your elbows steadied on your knees. It is extraordinarily hard to hold a miniature camera really steady, and remember that the best negatives will be enlarged to 24" size.

(Continued - Page 2)

(9)   For the best pictorial effects in landscapes, never take photos during the six midday hours. The sun then will be up to nearly vertical, and a high sun gives landscape photos the effect of being taken on a dull day. The best time is from 1 to 3 hours after sunrise and before sunset, when the shadows are long.

Above the Snowline
(10)   For scenes wholly on snow exposures should be cut down by about one stop in full daylight. As stated, use a very light yellow filter; but if detail of snow texture is important use a medium yellow filter if you don't mind the sky coming out black.
    A deeper filter also will make the most of scenes where clouds are the principal feature.

Climbing Pictures
(11)   Simplicity is now vital. It is best, once the sun is up, to set your camera to a standard and keep the settings unchanged. The latitude of Panatomic X film is enough to look after all ordinary variations, whether due to shooting against the light or darkness due to much shadow or rock.
    If you are certain that your shutter is as fast as it says, use 1/200 at f6.3. Even at this speed it is difficult to hold the camera steady enough when out of breath or in wind.

(12)   "Action pictures' are very much more interesting and more convincing that the old-fashioned posed pictures. To be certain of getting action shots, keep your camera slung round your neck, preferably inside your outer clothes (to stop the shutter freezing up). Accustom yourself to getting the camera out, taking off a glove, opening the camera (shutter, stop and if possible focussing should have been set beforehand) and shooting the picture while on the move without checking the movement and rhythm of the party. On easy ground one can sometimes catch up the other man ahead on your rope by 10 feet and gain a few seconds to take a picture of him still in motion without his knowledge. Obviously, however, this gets more difficult with higher altitude.
    Separate parties climbing in close proximity naturally provide good opportunities of mutual action pictures.

Colour
(13)   Compared to black and white, colour film is much less versatile and more difficult to use.
    Exposure must be exact, or not more than half a stop out at the most. It is best to work according to the tables supplied with the film.

Below the Snowline
(14)   Do not be deceived, by the brilliance of the light and distance, into cutting exposures down; in clear air the shadows are correspondingly deeper. I have found it best to use the same exposures as at sea level.
    Nevertheless it is most difficult to be certain; few cameras are really accurate either as to stop markings or shutters. So with a subject of which a good colour photo is really important take three shots, one at the calculated exposure, and one half a stop either side; there is plenty of film.

(15)   An ultra-violet filter is absolutely essential for all shots above about 6,000 ft., otherwise (on Kodachrome) all of the subtle colours of distance, and all snow, are

(Continued - Page 3)

overlaid with bright violet.

Kodaks now recommends a 1.A filter for daylight Kodachrome, and Ilford colour. If you plan to use colour you must have one or both these filters before you start — or get them in Bombay.

Above the Snowline

(16)   Above the snowline colour is very tricky. Obviously, there is often no colour in the scene except blue, and black and white film deals with monochrome better. Colour should not be relied upon for vital photos high up but should be used only to supplement black and white.

This does not apply of course to high camp scenes, where there is likely to be plenty of foreground colour.

(17)   Whereas a black and white negative will give you unlimited prints and slides, colour photos only give you one picture, as colour copies are not satisfactory. This is another reason for taking several shots of all really good scenes. It will then be possible to make up several sets of colour pictures which members of the expedition are sure to want afterwards.

(18)   Accurate use of the viewfinder is most important with colour. With black and white a tilted skyline, or too much foreground, can be put right in the enlarger. But with colour you get all you take. So fill the frame, and hold the camera level.

It is wise to check that your viewfinder is really accurate by taking careful black and white photos on the voyage out.

General

(19)   However much mountain scenery and mountain shapes appeal to the climber, one mountain looks just like another to the layman. What the public wants is pictures of people, especially of the climbers. There will be a demand for camp scenes, shots giving an impression of hardship, and all that. Whatever the inhibitions, an effort should be made to bring these sorts of pictures back (on stills as well as on the ciné film).

Equally scenes of villages and of native peoples appeal, though they are getting a bit hackneyed now.

(20)   Good landscapes require care with composition. There is no short cut to learning about this. If time is permitted one could learn from the masters at the National Gallery, but as time is short there is something to be said for taking a book of "the world's best pictures" on the voyage. Or at least one or two good collections of mountain pictures (André Roch and Frank Smythe).

(21)   The outstanding scene at or near a camp or village repays patience; choose your best viewpoint and compose the picture. Then come back to the place to take the photo in the morning or evening when the light is right.

(22)   Don't shoot off indiscriminately in the hopes of one good picture in every dozen. Good pictures are made the other way, by choosing your subject with care and by being quite certain that your camera will get it right in one. Nevertheless take a couple for luck (or three in colour).

The above does not apply to action pictures during climbing; with these the chances of error are many, and the more taken (within reason) the better.

28th January 1953   B. R. Goodfellow